L'EMPRISE

RÉGIS DEBRAY

L'EMPRISE

le débat

Gallimard

Il sera toujours d'une importance capitale que l'homme ne se croie pas né d'hier.

AUGUSTE COMTE

Préambule

Personne à incriminer, rien à déplorer. Circonscrire suffirait. Non la presse en elle-même, en ses tours et détours, machineries neuves et anciennes, mais l'effet presse. Non la centrale, mais les radiations. Dont chaque pékin peut faire l'épreuve, un jour ou l'autre. Ordinairement, les médiologues s'attachent aux contraintes, aux singularités d'une technique de transmission ou de transport. Ici, on fera un pas de côté. Un pas de clerc ? C'est la généalogie d'une puissance sociale qui retiendra l'attention. À partir d'une péripétie minime et personnelle, qui n'a pas servi de moteur ni de mobile, mais de démarreur à cette excursion philosophique et qu'on nous excusera de rappeler d'entrée de jeu, à la première personne. Crûment, trivialement, à titre précaire. Car ainsi sont les matériaux du journalisme : triviaux, crus et révocables.

C'était au printemps 1999, lors des « événements » du Kosovo. Suite à une promesse finalement non tenue (discuter seul à seul avec le chef spirituel d'un peuple en lutte, Ibrahim Rugova, alors en résidence surveillée), je m'en allai passer deux semaines dans la région du conflit (sans mesurer de combien d'espérances et d'arriérés elle était devenue porteuse aux yeux de notre opinion). La première en Macédoine et la seconde en Yougoslavie, avec un visa d'une semaine arraché à grand-peine, jusqu'à ce que les maîtres des lieux (qui s'esti-

maient chez eux, et l'étaient, en droit international) me mettent à la porte. J'eus la chance, au milieu des dévastations d'une guerre intestine — redoublées par un pilonnage aérien non moins dévastateur —, de rencontrer sur place quelques journalistes à l'esprit laïque, ou relevant de paroisses écartées. L'un, canadien, Paul Watson, équanime et agnostique ; l'autre, Sacha Mitic, d'origine serbe, mais homme de métier. En parcourant le pays, autant qu'il était possible sous les bombes et le couvre-feu, je pris en note ce que me rapportaient ces observateurs de longue date, mieux informés, et pour cause. De retour à Paris, inquiet de voir l'abîme entre le noir et blanc domestique et les ambiguïtés d'une zone grise, telle que j'avais pu l'entrevoir, je cédai à la vanité (le travers de l'interventionniste) de vouloir transmettre, à rebrousse-poil du manichéisme ambiant, quelques faits déconcertants, cueillis au passage. Puisque le président de la République, aux termes de la Constitution, conduit en notre nom les affaires du dehors et que ses discours étaient les plus exemplaires du simplisme régnant, c'est à lui que j'adressai, sans doute à tort, une missive respectueuse. La discussion de fond n'eut point lieu. Le signataire fut foudroyé vif dans les vingt-quatre heures. Les plus généreux, une poignée, virent en lui un benêt, à la bonne foi surprise ; le gros du pastorat un salopard invétéré, qui tombait le masque.

Il y avait de quoi. Relisons. « Trois cents écoles, partout, ont été touchées par les bombes. » Cette mention en particulier provoqua, sur une grande radio publique, de longues minutes d'exécrations. Le 17 août 1999, une dépêche A.F.P. tombait : « 389 bâtiments scolaires ont été détruits ou endommagés au Kosovo avant et pendant la guerre au printemps dernier, tandis que 242 écoles étaient touchées par les raids de l'O.T.A.N. en Serbie centrale, a annoncé mardi le Fonds des Nations unies pour l'enfance (Unicef). » Un rapport suivit, avec force détails. Pas un mot sur ladite chaîne, ni nulle part ailleurs.

J'avais observé que des bombes à fragmentation tuaient et blessaient dans les campagnes. Cela fut reconnu bon gré mal gré, et l'était déjà.

Remarqué que le général Wertz, porte-parole de l'O.T.A.N., proférait une contrevérité en déclarant : « Nous n'avons attaqué aucun convoi et nous n'avons jamais attaqué de civils. » Mensonge attendu, il est vrai, propre à toute propagande de guerre, quelles que soient la guerre et la cause.

Mentionné le fait, lui, plus surprenant que l'avalanche sur le Kosovo de bombes et d'armes intelligentes (trois mille, à peu près, chacune d'un prix exorbitant) causait apparemment peu de dommages aux forces armées serbes, touchant surtout des leurres et des matériels hors d'usage. Les experts de l'O.T.A.N. furent étonnés, en arrivant sur le terrain (après un bombardement final beaucoup plus réussi) de dénombrer seulement vingt-six carcasses, dont treize chars. L'armée serbe s'est repliée en bon ordre, avec l'essentiel de son matériel de guerre.

Suggéré, après avoir rencontré à Belgrade des opposants notoires, et qui ne se gênaient pas, qu'un régime multi-partis, avec des médias et des municipalités d'opposition, où l'on peut vitupérer le gouvernement aux terrasses de café, ne ressemble pas exactement à une dictature classique. Et qu'un apparatchik élu, « autocrate, fraudeur, manipulateur et populiste » comme M. Milosevic, n'appartenait vraisemblablement pas à la catégorie des délirants qui s'enterrent dans leur bunker en sacrifiant leur population. En doutant « qu'un pays isolé et pauvre de dix millions d'habitants puisse être comparé à l'Allemagne conquérante et surarmée de Hitler ». Et en déplorant que cette façon de s'y prendre, l'agression par amalgame, retarde les chances de l'opposition démocratique. Propos insensé, pour sûr.

Noté que « les pires exactions » serbes, « avec incendies, pillages et meurtres », avaient été commises « sous le déluge des bombes » après *et non* avant *les bombardements. C'est ce qui ressort partie III, chapitre V du rapport de l'O.S.C.E., pourtant contrôlé par les belligérants*[1]. *On y distingue entre la répression d'avant la fin mars (le plus grave étant le « massacre de Racak », du 15 janvier, aux circonstances douteuses) et « l'escalade dramatique de meurtres et d'actes d'arbitraire » après. Avant, les « personnes déplacées » l'étaient à partir des zones d'affrontement militaire et la plupart restaient à l'intérieur du Kosovo. Après, l'expulsion fut généralisée et hors des frontières.*

J'allai jusqu'à repousser le terme de « génocide ». Qu'il n'y en ait pas eu n'excuse pas les atrocités commises. Rappelons cependant la chronologie des chiffres de « une ». Au mois de mai, cent mille civils morts au Kosovo, d'après le secrétaire américain à la Défense ; « plusieurs dizaines de milliers », selon le président Clinton peu après ; quarante mille exactement, précisa-t-on ensuite aux Nations unies. Onze mille, d'après les services secrets britanniques (que seul le « révisionnisme » peut désormais s'aviser de rectifier). Après avoir examiné les charniers (plus de trois corps dans une tombe) soupçonnés d'être les plus importants, un demi-millier de criminologistes de divers pays déployés au Kosovo depuis le mois de juin avaient retrouvé deux mille cent huit corps en décembre 1999 (Serbes et autres communautés inclus), sans compter les disparus recensés sur déclaration des familles. Les bilans ont donc au fil des mois changé d'ordre de grandeur. Dans le panorama des tueries contemporaines (au seul Guatemala, les États-Unis ont récemment financé et parrainé vingt fois l'équivalent, sans remonter jusqu'à l'Indonésie de 1965 et ses cinq cent mille « communistes » assassinés avec leur bénédiction), ces infamies inblanchissables n'ont, hélas, rien

1. M. William Walker, chef de la « Mission de vérification du Kosovo » de l'O.S.C.E. (MKV), fut l'un des organisateurs clandestins de la Contra, au Nicaragua, puis ambassadeur des États-Unis au Salvador en 1988 et 1989, lorsque les conseillers militaires américains intervinrent dans la guerre civile (estimation : 80 000 tués). Un chef neutre et impartial.

d'exceptionnel[1]. *Un crime contre l'humanité ne dépend pas d'un décompte de cadavres, mais le Kosovo n'est pas la Bosnie. C'est du moins ce qu'affirment, enquêtes précises à l'appui, la presse anglo-saxonne (*Sunday Times, International Herald Tribune, The Spectator, Toronto Star, *etc.) et de nombreux instituts nord-américains (comme la société d'analyse Stratfor), les seuls à revenir régulièrement, avec l'impiété des empiristes, sur cette arithmétique macabre et déplacée (mais légitime dès lors que l'affirmation officielle de « génocide » servit de motif déclaré à l'intervention du 24 mars 1999).*

Consigné l'existence d'une guerre civile déjà ancienne, et que derrière une population sans défense se trouvait une petite armée bien équipée, coordonnée avec l'O.T.A.N., et qui ne faisait pas dans la dentelle, l'U.C.K. (certes pas le ramassis de « terroristes » de la propagande serbe, mais pas vraiment l'image qu'on peut se faire d'une guérilla de libération).

Relevé, sans penser à mal (car j'avais passé en Macédoine plusieurs jours dans les camps de réfugiés, bouleversé par les souffrances des Albanais), que « si les récits d'exactions sont trop nombreux pour qu'on mette en doute un fond indéniable de réalité », « certains *témoignages, vérification faite, se révélaient cependant inexacts, voire outranciers ». La doctrine veut que toute victime incarne le bien, donc le vrai (il me semblait qu'elle doit être*

1. Le médecin légiste Emilio Pérez Pujol, responsable de l'équipe de recherche espagnole, a trouvé 187 corps dans un secteur où les Nations unies lui en avaient annoncé au moins 2 000. Il a déclaré à son retour (*El País*, 23 septembre 1999, « Crimes de guerre, oui, génocide, non ») : « Je calcule que le nombre final de morts au Kosovo sera de 2 500 au maximum. Cela inclut le nombre de morts pour des raisons imprécises, qui ne peuvent être imputés à aucun camp en particulier. » Ce médecin, qui avait été en mission au Rwanda (« le Rwanda fut un véritable génocide, le Kosovo, un léger nettoyage ethnique », précisa-t-il), s'avance peut-être trop. Certains de ses collègues ont conclu à des « actes de barbarie localisée, non des meurtres de masse ». L'inspection s'est portée sur les 195 sites les plus signalés, mais d'autres restaient à « ouvrir » en janvier 2000.

secourue parce que victime). J'ai alors ressenti, comme tout un chacun, un élan de sympathie pour ces rescapés et réfugiés (dont j'épousais naturellement la cause). Et je ne pensais pas blasphémer. Dans n'importe quel conflit militaire, les témoins civils exagèrent (les combattants aussi). Le phénomène de la rumeur amplifiante, avec les sources s'intoxiquant les unes les autres, est un classique (qu'oublient souvent les générations d'après guerre), surtout quand il est stimulé et relayé du dehors. Dans un reportage intitulé « Comment le moulin à rumeur a fonctionné, la guerre du Kosovo fut sauvage mais ne fut pas un génocide », *le* staff reporter *du* Wall Street Journal *a très précisément reconstitué, entre autres, l'« histoire » de Trepca. La nouvelle avait été partout diffusée « de source sûre », dès avril, qu'au moins sept cents cadavres d'Albanais avaient été entassés dans les puits de mine. Pas un corps ne fut trouvé*[1]. *Au village de Ljubenic, où, selon le National Security Adviser nord-américain, Sandy Berger, trois cent cinquante corps gisaient dans « le plus grand charnier encore découvert », les Italiens en ont retiré sept. Ce qui n'enlève rien à toutes les horreurs par ailleurs attestées (« l'indéniable réalité »).*

Le pompon, enfin : j'ai vu des Albanais dans les rues et les marchés de Pristina — notamment, un comble, en train de déjeuner dans une pizzeria (et non un commerce quelconque, un écrivain se doit d'être concret). Cela m'avait surpris : j'étais convaincu en arrivant que les Kosovars Albanais ne pouvaient se montrer dans les rues sans craindre rafle ou meurtre, comme les juifs en Europe occupée. On dit que c'est le cas des Serbes aujourd'hui, et des Tziganes, passibles de mort en tant que tels, et persécutés en fonction de ce qu'ils sont et non de ce qu'ils font (quelques centaines de Serbes demeureraient encore à Pristina, sur plusieurs dizaines de milliers). Le Kosovo de l'époque yougoslave, selon l'avis de voyageurs familiers des lieux, était plus bigarré et mélangé qu'il ne l'est devenu à

1. Daniel Pearl et Robert Block, *The Wall Street Journal*, 31 décembre 1999.

présent[1]*. Le président de la petite communauté juive de Pristina (Cedda Prlincevic) a dû dernièrement quitter la ville pour échapper aux persécutions (en parlant de pogrom).*

Ce point de vue *(mon* reportage *fut publié ailleurs, avec des interviews, quelques jours plus tard, mais nul n'en fit état) se terminait sur quelques remarques plus générales. La première : qu'il n'y avait « pas une, mais deux, et même plusieurs communautés au Kosovo » — les Roms, les Turcs et les Goran (Serbes islamisés) — « lesquelles craignent la domination d'une Grande Albanie », et qu'on s'exposerait à des déboires si l'on méconnaissait cette diversité. La seconde : qu'il importait de « prévenir la renaissance d'une guerre intérieure féroce, épisode d'un aller-retour séculaire ».* Séculaire, *en effet, parce que le balancier remontait bien avant 1989, date qui sert pourtant de butoir ultime aux chronologies occidentales (comme si rien sur place n'avait précédé la suppression par Belgrade du statut d'autonomie).* Féroce, *car nulle communauté, dans ce pays, comme ailleurs, n'a le monopole historique de la violence, de l'oppression et du crime. Ce que ne démentent pas vraiment les faits intervenus depuis*[2].

1. Les États de l'Est européen (Yougoslavie, Union soviétique, Tchécoslovaquie) sous régime communiste étaient multi-ethniques, mais les nations libérées du joug totalitaire ne le sont plus. C'est au nom du multiculturalisme que l'Occident, en Yougoslavie, et avec de bonnes intentions, a pris fait et cause pour les Slovènes, les Croates, les Bosniaques musulmans, les Kosovars Albanais. À l'arrivée, aucune des nouvelles républiques ainsi créées n'est multiculturelle, la Serbie restant curieusement la plus multi-ethnique des entités de l'espace ex-yougoslave (avec un tiers de non-Serbes). Cela est un constat, non un jugement.

2. Entre juin, arrivée du corps expéditionnaire, et novembre 1999 : 116 enlèvements, 1 070 actes de pillage, 1 106 incendies criminels, 348 meurtres, perpétrés contre les minorités ethniques ou les Kosovars Albanais modérés. Cinquante églises orthodoxes ont été détruites. Source : Assemblée de l'Union de l'Europe occidentale, Rapport présenté au nom de la Commission politique par Mme Durrieu et M. Micheloyiannis (document 1666, 9 nov. 1999, p. 13). Chiffres en augmentation.

On pouvait tenir, semble-t-il, ces observations plus ou moins désolantes pour mesurées, voire circonspectes. C'était sans compter avec l'intraitable des « croyances en guerre », qui peut transformer toute approximation au réel en inclination pour le Mal[1]. *Tant il est vrai qu'il est des moments « où les impératifs de la scénarisation l'emportent sur ceux de l'action » (Rony Brauman). Et où s'impose à tous (les « pro » et les « anti »), telle une* morale d'urgence, *quand le moindre flottement peut menacer l'unanimité, la vieille règle d'or : ma religion étant faite — quels faits s'en déduisent ?*

Je comprenais fort bien qu'on pût soutenir cette intervention armée comme un moindre mal : les raisons étaient partagées ; et beaucoup de mes meilleurs amis, quoique conditionnés par une information « exemplaire », m'ébranlaient avec des arguments sensés. Le cœur balançait. Ne vaut-il pas mieux prévenir, fût-ce au prix fort du retrait des observateurs étrangers sur le terrain et d'une punition collective affectant une population souvent hostile au régime en place, un génocide potentiel qu'on était en droit de redouter, que d'en découvrir un réel mais trop tard ? C'est après *qu'on peut dire, au vu des résultats et des chiffres (là où les croyances sont plus flottantes, ou les informations mieux balancées), comme ce député britannique à la Chambre des communes (président du Balkans' Committee) : « Quand vous considérez que l'O.T.A.N. a causé la mort de mille cinq cents civils ou plus, vous vous demandez vraiment si l'intervention était justifiée. » Mais sur le moment ? Quand s'exalte en « frappes » le profane « bombardements » ; en « dommages collatéraux » le vulgaire « civils tués » ; et en « erreur d'ordinateur » des destructions bien calculées ? Quand une impitoyable guerre civile, comme il s'en produit des dizaines par siècle, et en particulier dans les Balkans, se voit transformer par nos modernes techniques de réquisition en un holocauste à la cambodgienne, pis, commensurable avec, ou*

1. Voir *Croyances en guerre, Cahiers de médiologie*, n° 8, automne 1999.

de l'ordre de la Shoah — dont l'indicible singularité eût mérité, semble-t-il, plus de respect ? Quand une armada qui précipite la catastrophe humanitaire qu'elle était censée empêcher — à savoir l'expulsion par terreur de huit cent soixante-trois mille albanophones (chiffre O.S.C.E.), avec maisons incendiées et exécutions sommaires — suscite non pas des interrogations sur une opération de force disproportionnée et apparemment contre-productive, mais, par inversion des effets et des causes, une adhésion redoublée à l'escalade des « frappes » ?

N'étant nullement un expert en diplomatie, guerre et stratégie, j'étais tout prêt à changer d'avis sur le fond des choses ; voire à reconnaître telle ou telle erreur factuelle que j'avais pu commettre dans ma hâte (comme ce chiffre, gonflé de moitié, de quatre cent mille Serbes naguère expulsés de Krajina — simple erreur mécanique de recopie, mais non corrigée et impardonnable, dans un environnement aussi scrupuleux et méticuleux). Ce qui me déconcerta le plus, ce fut autant l'indignation des gens bien devant des énoncés vérifiables, et, si je ne m'abuse, en grande partie vérifiés, que la tonalité *des anathèmes. Il n'est pas sûr que les choses aient un fond, mais, si elles en ont un, c'est dans le ton qu'il se révèle. Et pour percer à jour cette stridence* sui generis *qui m'intriguait tant dans les feuilles et les propos, je décidai d'abandonner les bulletins du diocèse pour les livres d'histoire. En me plongeant dans des temps très anciens, il m'a semblé reprendre pied dans l'actualité. Et reconnaître enfin, sous l'écume des choses, le bruit rassurant de la houle.*

I
Devoirs de croisade

Une foi nouvelle se rassure par le sang. Le progrès spirituel est à ce prix. L'épreuve fortifie. La turbulence. Le tropisme migrateur. En 1099, chasser l'Infidèle des Lieux saints, où il massacre innocents et pèlerins. En 1999, chasser le national-communiste des terres de liberté, où il massacre femmes et enfants. Guerre sainte, guerre juste ; et les latins s'en prennent en passant aux orthodoxes. Cette expédition punitive n'aurait pas été possible sans la mobilisation quasi totale des esprits. Impensable, pour un gouvernement légitime, de s'en tenir à l'écart (à moins de perdre aussitôt sa légitimité). Un moyen de salut n'appelle pas une pondération diplomatique ou tactique, mais un ralliement de la puissance temporelle à un élan de ferveur révoltée. On trouvera un bon aperçu sur les transports des porte-parole, mélange d'*Alleluia* et de *Dies irae*, lors du châtiment de l'ex-Yougoslavie, dans l'ouvrage de Paul Alphandery et Alphonse Dupront, *La Chrétienté et l'idée de croisade* (1959), dont le dernier chapitre, intitulé « La Croisade *après* les Croisades », décrivait à l'avance nos exaltations de 1999. Les auteurs se demandent « s'il y a des leçons de l'histoire, ou plutôt des nécessités », en ajoutant : « La croisade peut procéder d'une autre nécessité que la Chrétienté. » De fait. Elle n'est pas mariée avec Dieu, mais avec la justice ; non avec la justice divine, mais avec une idée divine de la justice. Preuve que la mort de Dieu n'a nullement mis fin aux « humeurs de croisade », qui restent un mélange chevaleresque de vertus hospitalières et agressives, charitables (la collecte de fonds, l'accueil des réfugiés) et meurtrières (la destruction des méchants). Ce sont des « moments forts » de communion où se rassemblent les partis et les bords opposés. Le rendez-vous des nations civilisées à Jérusalem, en 1100, à Pékin, en 1900, après le siège des légations et les massacres éhontés des boxers, à Pristina, en 2000, inspire un ton illuminé reconnaissable entre tous. C'est « la crise d'où le genre humain va sortir rajeuni, purifié, sauvé » (Dupront). C'est « l'avènement d'une société enfin généreuse, juste et harmonieuse » (le *Journal du dimanche* saluant la première guerre désintéressée de notre histoire, dans les mêmes termes qu'Innocent III la fin de la cinquième croisade). Valse des pontifes, invariance du pontifiant ? Après la Croix, le Droit. La « bulle de croisade » — autorisant l'offensive finale — naguère à la charge du pape, sous forme d'une encyclique, est imputée au tribunal international *ad hoc*, par une inculpation *urbi et orbi*. Mais c'est derechef le même cri d'espérance, l'imminence du Royaume, une nouvelle naissance à saluer — « l'Europe est née à Pristina ». D'un siècle à l'autre, nos triomphalismes survivent aux désastres.

C'est assez compliqué, une croisade (au sens noble, en oubliant la « croisade contre le judéo-bolchevisme », hideuse caricature). C'est d'abord une façon ingénieuse de concilier les contraires, la guerre juste et la guerre de conquête, que les juristes du droit naturel estiment en général exclusives l'une de l'autre, car, étant à la fois l'une et l'autre, elle met fin au casse-tête juridique [1]. C'est le petit

1. Lire en particulier, de Michel Villey, *La Croisade. Essai sur la formation d'une théorie juridique*, Caen, 1942.

qui se mêle aux grands, les chambrières aux Pierre l'Ermite, les enfants qui se mettent en route, pieds nus sur les chemins, et les Princes qui n'osent les arrêter. C'est un climat émotionnel qui porte chacun au meilleur, « l'appel de croisade », et aussi une démangeaison d'armes, un déploiement d'engins tueurs. C'est un tissu d'intérêts assez sordides, de pillages et d'exactions, d'ambitions et de convoitises, et aussi une soif de sacrifice, une poussée d'altruisme, de dépassement de soi, de solidarité. À la nouvelle Jérusalem sans clergé ni chevaliers, sans hiérarchie ni ordres, rêvée par certain millénarisme prophétique, répond le monde sans États ni frontières, sans nationalités ni tyrans, rêvé par certain pentecôtisme humanitaire. Façon de se laver du péché originel ou, à présent, des eaux glacées du calcul égoïste. Et le propre d'un « passage général », hier comme aujourd'hui, est de regrouper des nations ordinairement rivales (la « solidarité occidentale » remplaçant l'ancienne « solidarité chrétienne »). C'est une *coalition* multinationale (qui suspend les guerres entre royaumes, hier de succession — aujourd'hui du *beaf* ou du thon). Là réside « le miracle de croisade », alliance politico-militaire que seul permet le chevillage à des valeurs supra-politiques, extra-militaires, précisément celles dont le pouvoir spirituel a les clés.

Il n'échappe à personne que Bill Clinton (1999), le suzerain des souverains alliés, se distingue par quelques traits de Frédéric II (1194), chef des barons et rois d'Europe. Les croisades des années 1200 n'étaient pas à zéro mort, ni le rapport de forces entre chrétiens et Seldjoukides de mille à un (mille avions contre zéro). Militairement, on faisait alors jeu égal de part et d'autre. On partait ému par les crimes des Infidèles et la profanation des Lieux saints, mais on mourait pour de bon, sur place ou en route. L'œuvre sainte demeure, le martyre s'allège. La propagande de guerre, à lire les chroniques, tend à se répéter. Comme s'il existait, dans l'inconscient religieux des sociétés, un complexe de croisade, qui, comme l'Œdipe, ressasse un même canevas de types et de figures, que l'adversaire soit sarrasin, turc, mongol ou slave. Au XIIe siècle, tournées de prédication, chansons de croisade et images pieuses (colportées sur les marchés pour émouvoir les foules illettrées) jouent des mêmes personnifications animalisantes que les dessins de Plantu. L'Infidèle est criminalisé et le criminel déshumanisé, avec une tête de porc ou de chien [1]. Une différence sur la longueur : le récit illustré de *nos* exploits guerriers, au XIIe siècle, prenait plus de place que celui de *leurs* forfaits. Les proportions sont renversées. Moins il y a de héros, du bon côté, plus il y a de monstres, là-bas, au loin.

*

Tout compte fait, dans le dernier millénaire, l'Occident chrétien aura connu trois vagues expansionnistes d'ampleur croissante, vers des terres ultramarines sans frontières communes avec lui (preuve d'un singulier dynamisme historique) : les croisades, guerres voulues par Dieu, sous commande papale ; la colonisation, à commande étatique, voulue par la Civilisation, avec ses avant-postes missionnaires ; et l'actuelle vague de pacification *manu militari* des marches barbares, endossée par la « communauté internationale » et voulue par le Droit, avec ses éclaireurs humanitaires et ses conseillers juridiques. Les indulgences de croisade sont malheureusement à durée limitée, et nos

1. Lire, à ce propos, *Le forme della propaganda politica nel due e nel trecento,* et notamment, de Philippe Contamine, « Aperçus sur la propagande de guerre de la fin du XIIe au début du XVe siècle : les croisades, la guerre de Cent Ans », Rome, Éd. de l'École française de Rome, 1994.

protectorats balkaniques dureront sans doute moins que les États latins d'Orient (1099-1187). Le prosélytisme armé ne compte pas assez, au départ, en phase centrifuge, avec les coûts humains et financiers de l'opération, et son peu de prise sur de lointains imbroglios. Saint Dominique, après avoir projeté d'aller porter la foi aux Coumans et aux Sarrasins, choisit finalement de se consacrer corps et âme à l'hérésie en Languedoc, l'ennemi intérieur (les cathares, plus dangereux que les mahométans). À la fin du XIXe siècle, l'Église de France, comme l'anglicane chez elle, prend conscience que la déchristianisation des terroirs recèle de plus sévères menaces que le fétichisme en Afrique noire, et que l'évangélisation s'impose à demeure (la France, pays de mission). Charité bien ordonnée commence par soi-même. L'opinion découvre à l'arrivée de l'hiver que le quart monde était chez soi et qu'on peut plus utilement investir les énergies et les fonds sur le front intérieur. Et la page est tournée.

*

Nos organisations humanitaires auront-elles la vie aussi longue que leurs aînés, les ordres hospitaliers ? Les pronostics sont réservés. Créé à la fin du XIe siècle, l'ordre de Saint-Jean de Jérusalem existe toujours sous le nom d'ordre de Malte (dix mille chevaliers, un million de contributeurs, mais en France, rien que pour nos ordres à nous, cinq millions). Le tee-shirt blanc à sigle rouge remplace la tunique blanche à croix rouge, mais le désintéressement reste exemplaire. On mène de front l'assistance (aux populations démunies) et la prédication (aux infidèles et aux tièdes). Ces volontaires dont nous pouvons être fiers sont des sauveteurs et, en dépit de leur modestie, des rédempteurs (dirigés par d'anciens militants reconvertis). Les riches vont vers les pauvres. Ils disposent de ressources considérables (les Templiers en ont pâti, les malheureux), d'un personnel abondant avec une hiérarchie interne stricte (un fondateur, un grand maître, un chapitre, des chevaliers, des chapelains et des frères laïques). Quoique autonomes et souverains, ils restent en rapport constant avec les gouvernements, apportant en retour leur aura, où l'exotisme à l'exploit se mêle, aux bailleurs de fonds. La grande différence, c'est que notre chevalerie moderne est au départ civile, alors que les premiers ordres étaient à la fois de charité et de combat. Hospitaliers et templiers faisaient partie des « gerfauts, héroïques et brutaux », écumaient la Méditerranée sur leurs galères, ramassaient butins et esclaves. Nos humanitaires incitent les opinions à la guerre, en déclenchent parfois, mais vont eux-mêmes sans armes et ne participent pas aux opérations de force (même si convois militaires et humanitaires s'exercent à la fusion). Le caducée au cœur, mais sans l'épée au poing : différence du militant médecin au militaire soignant.

Il serait moins inexact de voir dans le volontaire des confins un croisement souvent bien payé d'hospitalier et de missionnaire, avec toute l'ambivalence, l'aléatoire du rôle. Les Missions : force d'âme subordonnée à la colonisation des corps, mais qui n'a pas peu compté dans la décolonisation (la plupart des chefs nationalistes africains et océaniens ont été formés par des missionnaires catholiques et protestants). La Bible au XIXe siècle servit d'alliée aux implantations impériales, comme le droit d'ingérence à présent ; mais nombre de pasteurs et de catéchistes indigènes ont retourné la Bible contre les Empires, une Bible traduite dans les langues vernaculaires par les Pères blancs. Les missionnaires du XIXe ont étendu les frontières de la Chrétienté, en dépossédant des pays indépendants de leur vieille souveraineté. En Chine, les traités inégaux donnaient aux missionnaires le droit d'extraterritorialité et d'en appeler au consul de leur pays pour défendre les intérêts du converti chinois, soustrait à sa juridiction nationale. Les O.N.G. humanitaires intercalent de même leurs enclaves, couloirs et zones protégés dans les zones d'occupation ou d'interdiction aérienne découpées par l'Empire sur ses marches, ici et là. Elles y sauvent des vies, créent des écoles et des dispensaires. Le bon docteur Schweitzer a fait réellement du bien aux habitants de Lambaréné, tout en servant, par son image, d'alibi au pillage et aux corvées. Est-on responsable de son effigie et de qui l'utilise ? Et qui peut jurer qu'un Lumumba, un Sandino, un Hô Chi Minh ne sortira pas demain des tentes des *french doctors* ?

*

Rendre grâces aux parenthèses d'union sacrée. Les temps de guerre font émerger le sacré social du train-train qui l'endort. Ils concentrent ce qui se dilue par temps calme. Ôtent le gant de velours, et on découvre soudain de quel bois se chauffait, sous une civilité de pure forme, une religion crue *soft* et bien élevée. La haine gicle. Et fait gicler. Exutoire. Soulagement. Le système nerveux d'une société passe alors aux rayons X.

Lynchage médiatique est un cliché de confort. Comme, pour qualifier l'épurateur, le trop matérialiste *nomenklatura* ou le trop optimiste *quatrième pouvoir*. Ou le benoît *politiquement correct*, qui euphémise l'ordre moral. Ces formules machinales, transpositions commodes mais inappropriées, témoignent moins d'une paresse d'esprit que du traditionnel retard de la conscience sur la réalité (comme du protocole d'État sur les préséances sociales). Elles nous masquent la dimension liturgique de ces catharsis. *Ex-com-*

munication serait le mot propre, si l'on ne veut pas prendre un devoir sacré pour un délit profane.

L'effet de meute ne doit pas égarer. Un lynchage est un crime de *foule* commis dans la surexcitation d'un attroupement éphémère. Une excommunication est un acte de piété, l'exploit moral d'un *public*, groupement d'ordre supérieur, « foule spiritualisée [1] », collectivité dispersée, unie par des liens psychologiques, et qui n'a pas besoin, pour passer à l'acte, de se rassembler. Un lynchage est honteux, y compris pour ses auteurs, qui opèrent de nuit ou à la dérobée ; une excommunication est glorieuse et se mène au grand jour. Les brutes lynchent, les clercs excommunient. Les premières éliminent le péché avec le corps, l'âme suivra ; les seconds purifient l'atmosphère, la dépouille en faux frais. Ne réduisons pas un zèle de bienfaisance et de salubrité publique, dûment instruit, à un forfait improvisé de voyous avinés.

L'*excommunication majeure* était jadis fulminée *ex cathedra* par l'évêque dans une église tendue de noir, précédée de monitions ou d'avertissements solennels. Vatican II a renoncé à la pratique de l'anathème personnalisé et le pape Jean XXIII a aboli l'excommunication. Les « néo » ont pris la relève, selon le chassé-croisé habituel. C'est après que Paul VI a supprimé l'Index, et tandis que l'Église ne parle plus de « délits contre la foi » mais seulement d'« erreurs en matière de foi », que le succédané civil parle de « crimes contre l'esprit » et de « textes impubliables ». Les infidèles se voient d'abord aux prises avec la commission volante des inquisiteurs (qui courent partout où un mauvais feu se déclare), Savonaroles ignifugés, plumes de gros calibre, antitotalitaires installés dans *tous* les hebdos, chaînes et quotidiens du ressort, sans exception. Les veilleurs au créneau ont

1. Gabriel Tarde, *L'Opinion et la foule*, rééd., Paris, P.U.F., 1989.

fait des études et connaissent les symptômes. Il y a des gradations (panachage autorisé). « Rouge-brun, crétin, populiste, xénophobe, révisionniste, négationniste, national-n'importe quoi, totalitaire, vichysso-stalinien, lepéniste, anti-américain, archéo-nationaliste. » Ces exorcismes soulagent (mettant à l'abri d'une possible et insupportable altérité). Quand, sur ces entrefaites, un directeur de l'esprit public, dans la plénitude de ses fonctions, vient ratifier, avec une semonce fraternelle et sentie, ce qui pouvait passer jusqu'alors pour une enflure rituelle (le péché mignon de notre Brigade d'intervention rapide), la monition devient mandement [1]. Se déclenche aussitôt, fonction jadis du san-benito, plus qu'une quarantaine, une éradication civile. Le transgresseur passe aux yeux des paroissiens, à l'insu de, voire contre, la volonté de la haute hiérarchie, du statut d'excommunié *toleratus* (avec qui le commerce profane reste autorisé) à celui de *vitandus* (à rayer des carnets d'adresse, services de presse, colloques, etc.).

Annonce double, d'après le droit canon. D'abord, que le relaps devra renoncer aux sacrements, hebdomadaires et mensuels, que constituent tribune libre, compte rendu, bloc-notes, interview, écho, symposium, table ronde, etc. — tous ces signes visibles de la grâce invisible valant, en régime de notoriété, pour attestation d'existence (sans lesquels un intellectuel devient, y compris auprès de ses pairs, une non-personne). Ensuite, que le stigmatisé ne fait plus partie de la communauté des fidèles, c'est-à-dire de la société civile elle-même (ou l'ensemble des notables habilités). De fait, une fois que *Le Monde, Le Nouvel Observateur, Libération, L'Express, Les Inrock, Télérama, Europe 1, Charlie-Hebdo, R.T.L., France Culture, France Inter*, etc., ont

1. Lire d'Edwy Plenel, *L'Épreuve* (Paris, Stock, 1999), ainsi que *Un temps de chien* (Stock, 1994).

rendu leur verdict d'un même élan mimétique, navré ou exultant (mêmes épithètes, mêmes signatures), le vide se fera autour de l'apostat en un clin d'œil : l'hérésie est contagieuse. D'où les prophylaxies sociales d'autodéfense : des subventions officiellement promises à la revue dont il s'occupe s'évaporent soudain. Sa contribution à un livre collectif sur le point de paraître disparaît sans crier gare. Le concierge d'un ministère où se donne une réception lui signale d'un air embarrassé que son nom ne figure malheureusement pas sur la liste des invités, en dépit d'un carton envoyé par erreur. Des librairies parisiennes, des forums en province, qui l'avaient invité à une signature ou à un débat, se déclarent au dernier moment indisponibles. Rendez-vous annulés, dîners remis *sine die*, abonnements résiliés. Dans les restaurants et lieux publics, les vagues connaissances, les passants indignés lorgnent en chuchotant l'otage du Malin. Crapauds, serpents ? Jadis, ils se seraient signés à la hâte. Anicroches dérisoires, au regard des avanies que d'autres ont et peuvent encore essuyer.

Telle est la puissance de feu des prophètes armés (les médias sont les armements des soldats sans uniforme) sur les désarmés — que point n'est besoin de savoir de quoi Tartempion s'est au juste rendu coupable pour que nous nous en écartions d'instinct. « Je sais des régions françaises, s'étonnait Gabriel Tarde en 1900, où l'on n'a jamais vu un seul juif, ce qui n'empêche pas l'antisémitisme d'y fleurir parce qu'on y lit les journaux antisémites. » Ces étonnements nous ont valu de sa part une théorie finaude de l'opinion [1]. Et qui vaut encore le détour en 2000, quand on voit dans des régions françaises, les mêmes, où on n'a jamais vu un seul Yougoslave et où on ne lit pas les journaux de référence, de braves gens, agriculteurs ou épiciers, se détourner

1. G. Tarde, *L'Opinion et la foule*, *op. cit.*

d'un quidam soudain réputé « pro-nazi ». L'homme contemporain, pensait le vieux Tarde, est un somnambule prédestiné. Ses pensées les plus intimes lui viennent du dehors, ce qui ne l'empêche pas de se montrer, goûts et dégoûts, sincère et véhément.

Toute communauté a le droit d'exclure et de censurer ; et la démocratie grecque a inventé l'ostracisme. Au reste, une excommunication chrétienne — troisième échelon, après l'interdit et la suspense — n'est pas à confondre avec un geste d'Inquisition. Ne cédons pas, à ce propos, à une légende trop noire. Police générale de la Chrétienté, oui, mais dans une logique de défense : dans tout État confessionnel, quiconque s'en prend à l'intégrité de la foi attaque l'intégrité du territoire. D'ailleurs, l'Inquisition usa des mêmes moyens (nul ne pouvant sauter par-dessus son temps) que les juridictions civiles de l'époque. Elle n'a pas inventé la torture, et on se rassurerait à bon compte en la réduisant à un phénomène uniquement répressif, cruel et borné. L'Église romaine a tourné la page. Rebaptisée Saint-Office en 1908, la Congrégation de la Sainte Inquisition s'appelle désormais « pour la doctrine de la foi » (tout en restant le premier dicastère de la Curie romaine). Les historiens nous ont aidés à reconnaître dans cette institution un instrument intelligent et sensible de régulation consensuelle [1]. Les minutes des procès montrent une rare sollicitude et miséricorde envers les *lapsi* : on cherche, jusqu'au pied du bûcher, à ramener les brebis égarées au bercail. De l'admonition paternelle à la pression corporelle, aucun

1. Louis Sala-Molins a réédité et préfacé *Le Manuel des inquisiteurs*, Moulins, 1973. On consultera également, en trois tomes, de l'Américain Henri-Charles Lea, *Histoire de l'Inquisition au Moyen Âge*, trad. Salomon Reinach, Paris, 1900. L'ouvrage, plus favorable, de Jean Guiraud, Paris, 1935, 2 vol. Voir aussi L. E. Halkin, « De l'excommunication au bûcher », *Hommage à Lucien Febvre*, Paris, 1954.

effort n'est épargné pour obtenir du frère défaillant ou surpris une *rétractation publique* — pourvu que la demande de pardon s'effectue devant témoins, au su et au vu de tous. Car nul ne doit se sentir à l'abri des vigilances. La porte est toujours entrouverte au condamné pour accomplir *in extremis* une œuvre pie (pèlerinage, aumône ou visite à un camp de bons réfugiés) ou une pénitence largement diffusée.

Éliminer n'est plus liquider. Là est le progrès. Notre Sainte Pénitencerie n'opère plus la « tradition au bras séculier », sinon à une société civile aux répulsions moins exigeantes. Si la vie quotidienne, quand l'hérésie s'aggrave du refus d'amendement, présente quelques désagréments, la vie tout court reste là, simple et tranquille. Ce qui n'a guère progressé, du médiéval au post-moderne, sur le fond, c'est la conduite d'orthodoxie comme alignement réflexe d'un ordre d'options contingentes, discutables, sur l'ordre indiscutable et nécessaire de la Valeur : transformer toute résistance à la force en péché contre l'esprit, et l'insoumission intellectuelle en suicide moral. Il n'en faut pas moins pour confondre, aux yeux des fidèles bien ficelés, Éthique et Politique, comme hier le règne du clergé avec celui du bon Dieu.

II
Les deux royaumes

Le procès du journalisme est aussi vieux que le journalisme. Balzac, Maupassant, les Goncourt. Et, avant eux, Diderot, Rousseau. Un classique du répertoire. Les journalistes seraient coupables de superficialité, connivence, corruption, incompétence, démagogie, autocensure, etc. Ils ne feraient pas bien leur métier. Ils ne respecteraient plus ce qui est respectable : la réalité, le savoir, la vie privée. Les pauvres gens, les riches, la complexité, l'administration. Les vraies valeurs. Ces tristes sires manqueraient à tous leurs devoirs. Ces mises en cause, parfois pertinentes, sont d'autant mieux reçues qu'elles expriment un malaise général. Beaucoup ont un point commun : procéder de haut en bas. S'estimant à la fois extérieurs et supérieurs à ceux qu'ils montrent du doigt à un public excédé, les procureurs culpabilisent l'inculpé. Et celui-ci, pénétré du sentiment de son indignité, baisse la tête.

Ce n'est pas ainsi, semble-t-il, que les choses se passent dans la vie (sauf, peut-être, celle des professeurs). Le journaliste est un homme que l'on redoute. Qu'on l'évite ou qu'on le flatte, qu'on l'envie ou qu'on le déteste, le fait est qu'il est là, et bien là. Il pèse. Il compte. Il en impose. Pas l'individu, bien sûr, qui pourra être, au civil, charmant ou odieux, obligeant ou arrogant (comme vous et moi, selon les jours et les heures). Mais le professionnel en tant qu'il officie, qu'il fait son travail, disons, le journalisant qui enquête, déniche, commente, qualifie, titre, classe, déclasse, néglige. Si c'était un pelé, un galeux, un chien, un fouille-merde, d'où viendrait qu'on lui prête tant d'attentions, qu'on le « soigne » comme jamais, qu'il occupe à ce point les pouvoirs et les esprits, en bien ou en mal ? Au vrai : il inspire un mélange d'envie et de crainte révérencielle, le contraire du mépris. Et à bon droit, car on ne méprise pas ce qu'on ne saurait atteindre.

*

Sur quoi repose cette puissance hors d'atteinte ?

Il y a la chose *économique*. La presse se présente comme un ensemble d'entreprises, sociétés commerciales ou de rédacteurs, luttant sur un marché hautement concurrentiel et tenu d'équilibrer ses comptes. On parlera alors recettes publicitaires, prix du papier, masse salariale. Un organe d'information n'est pas une association philanthropique. Il doit gagner et retenir une clientèle et, si possible, faire des bénéfices.

Il y a la chose *politique*. Un journal sérieux a une « couleur », « orientation » ou « sensibilité ». Sans être militant, ni bien sûr partisan, il est au service d'une cause ; il mène un combat entre les lignes ; il a sa conception du bon gouvernement, des alliés à mettre en valeur et des adversaires en difficulté. Malgré débats et tribunes de toutes obédiences, une rédaction est une sorte de parti inavoué — pudeur ou souci d'efficacité. En Allemagne, par exemple, il se dit que les groupes de presse sont les véritables partis, expressions idéologiques des milieux financiers et industriels.

Il y a enfin la chose *morale* ou mentale. Un journal a un esprit maison, qui participe de et contribue à un certain esprit public. Il traduit en mots et en images des valeurs et des principes, et cherche à faire partager à ses lecteurs (ou téléspectateurs) une vision du monde. Il vise à *accréditer* ces thèses auprès des gens, à construire ou entretenir une *crédibilité*. Il *fait foi* (« c'est vrai parce que c'est écrit dans le journal »). Il fait *autorité* (« le Journal officiel de la société civile »). Il *fidélise*. Il induit une habitude et exerce une influence.

Résumons. Une entreprise de presse qui a pignon sur rue, c'est une *affaire* (qui marche ou non) ; un *projet* (qui avance ou non) ; une *influence* (qui se répand ou non). Soit la réunion d'une compétence, technique, d'un vouloir, politique, et d'une conviction, intime (chaque Citizen Kane réussit le grand chelem).

Ces trois pesanteurs influent évidemment sur la chose qui est sous ces choses : l'information. Si on la tient (par hypothèse) pour une donnée objective préexistant à son traitement, et à sa présentation, on la dira exposée à autant de dévoiements qu'il y a ici de logiques à l'œuvre : l'appât du gain, ou la peur des pertes, peut rendre l'information *sensationnelle*, scandaleuse ou gonflée ; ou encore, biaisée, *tendancieuse*, ou orientée ; et enfin, prédicatrice ou *édifiante*. Il est flagrant que les trois logiques s'entrepénètrent, avec une prépondérance ostensible du facteur mercantile. Chacun constate le poids grandissant des banques, annonceurs et commerciaux, des impératifs du *marketing* et bientôt des portails web (« une » attrape-tout, titre racoleur, sujet vendeur pour retenir un lectorat flottant, etc.). La crainte d'un boycott par les annonceurs, ou d'une baisse des ventes, peut infléchir la ligne de départ. Ces servitudes ont été maintes fois et fort bien analysées, notamment par Pierre Bourdieu et ses amis [1]. Seuls y verront des turpitudes

1. Voir *Actes de la recherche en sciences sociales*, n° 101/102, mars 1994, *L'Emprise du journalisme*.

ceux qui oublient que l'information, comme Jean-Claude Guillebaud le rappelait récemment, est par nature une marchandise (une info qui n'a pas d'acheteurs n'en est pas une) [1]. Il faut bien, dit-on, que l'argent circule pour que la liberté circule. Ne nous a-t-on pas appris que toute réticence au règne de l'argent cache en son fond une répugnance à la démocratie, une nostalgie rétrograde, ressentimentale, voire antisémite ? Il est vraisemblable que certain marché des biens de salut contemporains s'accorde à l'espérance de salut par le marché, mais peu nous importe à ce stade. L'essentiel est ceci : qu'on se réclame de Marx ou de Tocqueville, gauche ou droite, notre premier mouvement consiste à étager les différents facteurs qui conditionnent une « production d'infos » du déterminant au déterminé, du plus matériel au plus immatériel. Et donc, partir de l'économique, le plat de résistance dont il convient de parler d'abord, pour finir par le supplément d'âme, dessert ou pousse-café.

Et s'il fallait inverser les priorités ? Rendre à Kane et à Keynes ce qui est à Kane et à Keynes, et à Dieu ce qui est à Dieu ? Et si l'aspect le moins considéré du phénomène journalistique, sa dimension spirituelle, s'avérait le plus considérable ?

*

On ne rend pas raison du clergé en dressant l'état civil des ecclésiastiques ; encore moins trouvera-t-on à quelle demande répond l'Église, dans notre histoire, en énumérant les fautes de l'abbé Machin. Peu importe que l'officiant soit

1. Dans « Les médias contre la démocratie », *Esprit*, mars-avril 1993. Et dans « Crise des médias, ou crise de la démocratie ? », *Le Débat*, n° 66, septembre-octobre 1991.

gourmand, médisant ou distrait. Il a l'habit, le ciboire, le manuterge, la paterne — cela suffit pour distribuer l'hostie. Ce n'est pas en épiant les sacristies, ou l'origine sociale des séminaristes, que l'on éclaircira le mystère d'une parole efficace, transformant du vin en sang. C'est l'*état* qui compte, non l'individu. Et c'est l'institution qu'il faut interroger. Quand je lis mon journal, ou regarde ma télé, mon attitude n'est pas commandée par le caractère du présentateur ou du signataire. S'il vient à être remplacé, je continuerai à lire ou à regarder mon journal dans le même état d'esprit. Le journalisme transcende les journalistes, comme le rôle l'acteur, et une pièce sa mise en scène.

Pour qui accepte de mettre à l'épreuve l'idée que nous est né un nouvel intellectuel collectif regroupant les *fonctionnaires du sacré social*, c'est la fonction du sacré qui demande examen, pour mieux comprendre à la fois notre âme collective et ce corps séparé. Pour mieux *nous* voir dans *sa* glace.

*

Cette fonction, elle vient de loin. Elle est inscrite au fond de nous, dans le code génétique de notre culture chrétienne (plus que judéo-chrétienne).

Yahvé a armé Josué, Daniel et les Maccabées. Le Dieu de l'Ancien Testament guerroie, assaille les trônes et incendie les cités impies. Le Christ, lui, n'a pas donné d'armes à ses disciples quand il les envoya conquérir la Terre. Il laissa à César la contrainte et se réserva la persuasion. Le port de l'épée est interdit au clerc. Dès les premiers siècles de notre ère, et en honneur à la double nature du Sauveur, humaine et divine, l'habitude se prit en Occident de distinguer, à la romaine, l'*auctoritas* et la *potestas*. Saint Augustin, qui légitima pourtant la mise aux fers des hérétiques, juxtaposa les deux Cités, la céleste et la terrestre, chacune avec son ordre propre (qui se complètent et s'entraident, l'État restant subordonné à l'Église). « Elles sont deux, en vérité, Empereur Auguste, par lesquelles ce monde-ci est régi : l'autorité sacrée des Pontifes et la puissance des Rois », mandait le pape Gélase, au ve siècle, à l'empereur Anastase. Les siècles qui suivirent renoncèrent à ce difficile exercice de cohabitation, en fusionnant les cultes de l'État et du Christ. De Grégoire VII à saint Thomas d'Aquin s'installa en gloire « une seule et unique société avec sa religion officielle et nécessaire [1] ». Le Pontife, alors, mit l'Empereur à genoux : Canossa. Quiconque pensait autrement que l'Église était « retranché comme un membre pourri du corps du Christ ». Ces temps horrifiques passèrent ; et la Chrétienté reprit son chemin reconduisant, à travers monarchie de droit divin, à la vieille concurrence entre le prince et l'évêque. Une scission plus périlleuse s'amorça au siècle des Lumières entre l'âme et le corps du pays, avec l'émergence d'un pouvoir intellectuel séculier qui prit en France provocante tournure. Dans l'imagerie hexagonale, Voltaire, Chateaubriand, Zola ont tour à tour servi d'emblème à ce magistère, plutôt rebelle, au « sacre de l'écrivain », tandis que l'État lui-même finit par divorcer de l'Église. À présent, au terme d'un assez fallacieux désenchantement du monde, notre conviction est faite : dans tous les cantons éclairés de la planète, et contrairement aux infortunés encore en proie aux dogmes et aux intolérances, le pouvoir temporel s'est définitivement émancipé du spirituel. On se félicite que la foi comme la morale, pour s'être réfugiées dans notre for intime, ne représentent plus des pouvoirs exorbitants ou contraignants.

1. Henri Maisonneuve, *Études sur les origines de l'Inquisition,* Paris, Vrin, 1960, p. 10.

C'était une illusion.

Les dogmes se fanent, le besoin de sens reste ; les fonctions se recréent des organes vitaux au fur et à mesure, adaptés aux techniques et aux mentalités. Nous avions oublié qu'« aucune société ne peut se conserver et se développer sans un sacerdoce quelconque », comme avait prévenu Auguste Comte. Quelle nation se passe de valeurs, quelle guerre coloniale d'un discours de justice ? Quel regroupement serait durable sans le maintien d'un même esprit en son sein, et d'abord dans les élites ? Quelle civilisation fut sans clergé ? C'était hier encore le rôle, à l'Est, au-dessus d'un État soi-disant matérialiste, du Parti : il donnait le *la* ; fixait la ligne au nom d'une métaphysique. C'est le rôle, aujourd'hui, dans des sociétés pluralistes qui se rient du sabre et du goupillon, autant que de métaphysique, du journal.

Pourquoi tant d'insouciance ? Parce que des classifications pensent à notre place. Elles assignent le « spirituel » aux fonctionnaires de l'extrême-onction et de la damnation, la prêtrise aux ordres chrétiens et le religieux aux marques déposées. Nous sommes égarés par les termes modernes de *mass media*, *communication*, *marketing*, *presse d'opinion*, etc. Nous resterions beaucoup plus près des choses en usant de termes apparemment rétrogrades ou obsolètes, mais propres à radiographier l'invariant sous les variations, et la pérennité qui gît sous l'actualité. « Sur dix erreurs politiques, disait Valéry, il y en a neuf qui consistent à croire encore vrai ce qui ne l'est plus. Mais la plus grave est la dixième : croire que n'est plus vrai quelque chose qui le demeure. » Et disparaît le nez au milieu de la figure, à savoir que le pouvoir médiatique d'aujourd'hui confine au pouvoir ecclésiastique d'hier, re-conformé par les usages et les croyances, modestes, de l'époque. Le journaliste roi, image convenue, nous avait caché le journaliste pasteur, réalité conquérante.

*

Les longues durées calment l'énervement. Incitent à baisser le ton. Pas plus d'accusations, donc, que d'excuses. On ne demandera pas ici pardon, ni de *mea culpa*. On ne dirait pas aux journalistes en vue : pénétrez-vous de vos péchés — et faites mieux votre métier. Mais : prenez conscience de votre investiture, qui vous dépasse, et pour cause. Et faites le moins de mal possible. Vous n'êtes pas illégitimes. Le problème vient plutôt de votre sur-légitimité, qui, malgré les brocards, va en se consolidant. Vous disposez d'un droit de regard et de blâme effrayant. Ne culpabilisez pas : ce pouvoir existait avant vous, il existera après. Oublions Bel-Ami, comité des Forges, chenils, ratières et autres amabilités. Vous occupez la place de votre mieux et la prise en charge apostolique des pécheurs est nécessaire et difficile. La question qu'elle soulève et qui, paradoxalement, ne vous concerne pas au premier chef car elle relève de la responsabilité des « responsables » (politiques, économiques, intellectuels, etc.), c'est : comment comprimer une influence qui tend par nature, comme les gaz, à l'expansion, qui s'échappe de partout et parfois même explose. Problème d'autodéfense et d'équilibre, qui pourrait, par image, s'illustrer ainsi : comment empêcher la police des esprits à vous dévolue (et si ce n'était pas vous, ce serait une autre instance) de gouverner aussi nos actes, nos valeurs, et jusqu'à notre imaginaire ? Pour brusquer la métaphore (parisienne), et nourrir la protestation : comment empêcher la Préfecture de police, dont nul ne met en cause l'utilité, pour la circulation et la sécurité, de régir également le Quai d'Orsay, Matignon, la Sorbonne et la Rue de Valois ?

III

Le service des âmes d'aujourd'hui

Le pouvoir spirituel ne se décrète pas. Il se coule et se moule dans les plis du temps. Autant le temporel se définit par la relation hiérarchique de commandement et de coercition, autant il doit lui-même sa seule autorité à l'assentiment que suscite l'idée capitale d'une époque. Il suggère, conseille, persuade, inspire, instruit. Sans recourir à la force publique ou à sa menace. Il ne contraint pas, il conditionne. Il ne légifère pas, il infuse. Il ne sanctionne pas, il environne. Il ne donne pas de contravention, il donne à penser. Il agit par le mot, l'image, les spectacles et les rites. Ce qui varie, en revanche, c'est l'idée capitale, le foyer irradiant de chaque période. À qui, à quoi prête-t-on la suprême puissance ? Au temps de l'Église, à Dieu. Quand celui-ci s'effaça derrière la Raison, l'ascendant passa au clergé scientifique, à ceux qui avaient la meilleure connaissance des lois de la nature et de l'esprit : aux hommes de laboratoire et d'université. D'autres chefs de chapelle, issus du même tronc, prêtèrent la toute-puissance à l'histoire et à ses lois inexorables : ainsi put régner, jusqu'à ce matin, dans les communismes cléricaux, le Parti, détenteur de la science de l'histoire. Après les grands récits prométhéens, succédant à la transcendance divine, la valeur suprême se nomme Information.

Dans nos sociétés où l'État s'est désengagé des intimes convictions, l'*autorité* apparaît à première vue éparpillée en une poussière de « comités des sages », « comités d'éthique », « hauts conseils » et « Haute Autorité ». En France, on compte une vingtaine d'organismes de ce type, baptisés « autorités administratives indépendantes » (dont les premières sont apparues sous le régime de Vichy). Chargées de veiller, de garantir, de contrôler, d'assurer (l'indépendance et le fonctionnement régulier de ceci ou de cela : banques, agences de presse, concurrence, bourse, sondage, informatique, etc.), sans grands moyens, parfois sans budget propre, extérieures aux hiérarchies de l'exécutif, dispensées d'instruction et de tutelle gouvernementales, elles ne reçoivent et ne donnent pas d'ordre. Certaines peuvent s'autosaisir. Exerçant leur action par des voies extrajuridiques — conciliations, recommandations, avertissements, communiqués —, ces autorités collégiales ou individuelles ont bien les traits du pouvoir spirituel, celui qui sanctionne par l'opinion. Leur peu d'efficacité n'est un secret pour personne, et leur rayonnement limité. Elles ne gênent guère le temporel, l'infléchissent encore moins. On doit ajouter à ces façades un peu grises les représentants des Églises, les autorités scientifiques, les académies et quelques associations réputées (O.N.G. humanitaires, Greenpeace, Amnesty International). Hormis pour ces dernières, carillonnantes et résonnantes car reliées par fil direct aux cloches médiatiques, les premières se manifestent en sourdine et n'atteignent qu'une clientèle professionnelle, plus ou moins captive. On les respecte — pour jouer le jeu, du bout des lèvres. Mais qui, dans le pays ou au gouvernement, prend réellement au tragique une déclaration de l'Académie française sur l'orthographe ou le masculin neutre ? Un avis du Comité consultatif des droits de l'homme, surtout s'il n'est pas rendu public ? Qui décidera de cette publicité ? La presse. C'est par elle, en dernier ressort, que les « autorités morales » doivent passer, elle qui décidera du niveau souhaitable de la répercussion (la « une », deux « col », une brève). Qu'on s'en plaigne ou s'en réjouisse, le magistère fait faux bond à l'institution, comme l'autorité aux fonctionnaires d'autorité. Le thermostat des conduites — filtrage, surveillance et vigilance — n'appartient pas aux sages, aux magistrats, au médiateur désignés à cet effet par la République, etc., mais aux médias, qui se passent fort bien de règlement ou de décret d'attributions. Là est l'organe central « d'impulsion et de coordination » du collectif. Plus exactement : le *climatiseur* de l'écosphère (la science politique ordinaire, quand elle aborde les choses sérieuses, c'est-à-dire impalpables, devient science de l'environnement). En matière de milieu, ou de mentalité, les causalités sont systémiques et circulaires : le climatiseur est lui-même *acclimaté*. Les médias, bien sûr, ne font pas la pluie et le beau temps, ils obéissent à l'atmosphère et lui commandent, ceci parce que cela. Il ne pleut pas dans le Sahara parce qu'il n'y a pas de végétation et il n'y a pas de végétation parce qu'il ne pleut pas. Écologie oblige. Reste que pour savoir quel temps il fait dans les têtes, quelle est l'ambiance, d'où souffle le vent, inutile de consulter l'Épiscopat, l'Institut ou le Conseil d'État ; ouvrez le journal et tournez le bouton ; là est le baromètre.

*

Pas de valeur suprême en haut sans préposés en contrebas à l'économie de la chose : Dieu a les prêtres ; la Raison, les savants ; le Fait, les journalistes. En livrant « l'essentiel de l'actualité », le journal instruit l'opinion, laquelle instruit le gouvernant — par l'élection parfois, le sondage le plus souvent. Les faits sont construits par les signes de l'information ; l'opinion réagit aux signes ; et le responsable se règle sur l'opinion. Le circuit cybernétique se boucle avec le Régulateur central, celui qui met les trois sommets en contact : la régie médiane des signes. Tout ce qui est réel advient *par* elle — et ce qui s'égare ailleurs est néant (« ce qui ne passe pas à la télévision n'existe pas »). Et l'élu ne peut convaincre l'électeur de le réélire, ou le candidat de l'élire, qu'en passant ou en faisant passer par elle (presse écrite, radio, télévision) sa demande d'amour ou de reconnaissance. Les conseils de la Providence parvenaient jadis au prince en passant par l'archevêque ; le pouls de l'opinion est communiqué au ministre par la presse. Là où se trouve le passage obligé, là est la puissance. Pas plus qu'il n'est besoin d'un Dieu pour faire une religion, il n'est besoin de « spiritualité » pour faire un pouvoir spirituel.

Il n'y a pas là-derrière complot ni machination. N'imitons pas les démystificateurs mystifiés de jadis qui imputaient l'« esprit de religion » à une noire fourberie de jésuites conjurés, dont l'expulsion rallumerait partout les saines lumières. Ni diktat du Capital, ni manipulation cynique, ni bourrage de crâne. Ces fantasmes de *conjuration* nous masqueraient la dure réalité. L'esprit d'orthodoxie est en tout un chacun. C'est la marque du *tout*, déposée en chacun. Le fidèle fait le clerc, comme l'abonnement, l'accoutumance, non l'inverse. Ne nous en prenons qu'à nous-mêmes.

*

Le spirituel est plus ténu et plus pénétrant, moins visible et plus *collant* que son jumeau aux manettes en ce qu'il représente l'*autorité intérieure*. Aux pékins et plus encore aux manitous. C'est l'adhésif qui raboute l'un à l'autre.

Cheville ouvrière de l'entre-nous, il entretient la circulation des évidences, le quotidien partage des présupposés. D'où la réquisition subjective. Ses valeurs étant celles, par osmose, du pouvoir temporel (qui ne pourrait les récuser sans apparaître, aux yeux de tous, et d'abord des siens, comme un charlatan pris d'épilepsie) — quand le spirituel lui parle, c'est sa voix intérieure qu'entend le temporel. Quand il l'inspecte, son œil moral le regarde. Car nos mandataires croient à l'opinion et aux chiffres comme les seigneurs d'antan croyaient aux miracles et à l'enfer — ces « évidences incontournables » du XVe siècle. L'autorité n'a pas besoin de siéger au Conseil des ministres pour présider aux pensées, aux cauchemars, à l'agenda des politiques. Quand nous écoutons telle allocution, conférence ou boutade d'un homme ou d'une femme publics, adulte décoré et titré, il nous en coûte de nous avouer, nous, ses mandants, qu'il n'est pas l'auteur de ce qu'il dit (parce que nous-mêmes, après tout...). Sa cellule de communication lui a rédigé ou soufflé les mots clés, les mots-tilts, selon le dernier sondage. C'est un enfant. Il répète. C'est un domestique. Il obéit. Un ventriloque. Il surjoue. Le fantôme d'un fantôme ? Peut-être, mais nos chefs nous ressemblent (c'est bien pourquoi nous les élisons) : ils lisent les mêmes journaux, écoutent et regardent les mêmes émissions que nous. Un conseiller du président américain avoua dernièrement à un Européen de passage à Washington que la Maison-Blanche ne basait pas sa politique étrangère sur la C.I.A. et ses rapports mais sur CNN et ses reportages, car pour avoir l'adhésion du public, il fallait partir des mêmes informations.

En démocratie d'opinion, la télécommande par l'idée opère à moindres frais. Les talibans ont créé dans le gouvernement de Kaboul un « ministère des Vices et des Vertus ». On devrait réfléchir avant de rire. Ce ministère, chez nous, existe bien, mais en dehors des organigrammes, et pour son compte propre : c'est le médiatique, service public mais non gouvernemental, et, à ce titre, insoupçonnable de mauvaises intentions. La justice dit le droit, le Parlement dit la loi, mais la presse dit le bien. Lequel est la norme idéale du droit et donc de l'État de droit. Les gouvernements successifs s'avérant *de facto* faillibles, incertains, corrompus, humains-trop-humains, la presse dénonce inlassablement scandales, turpitudes et passe-droits. Et elle fait bien. Elle aide ainsi, pour notre commun bénéfice, le petit personnel de passage à se mettre à la hauteur.

Le redresseur de torts rend la justice à la place des juges, disant qui est bon et qui est méchant ? Oui, mais le verdict n'est pas rendu, comme en cour d'assises, au nom du peuple français, entité vague et abstraite, mais au nom d'une évidence, d'un sentiment vécu du bien, du beau, et du juste que chacun partage (même s'il fait des mines). Si je suis flétri, je n'ai que ce que je mérite. Si je suis absous, mon succès sera mérité. Intérieure est l'autorité, extérieur le pouvoir. Car ce moi irrécusable et profond, ce père sévère, occupe un corps étranger auquel je dois me plier au moment de m'apprécier (moi danseur, député, cinéaste, proconsul, écrivaillon, quiconque dépend du jugement social dans son labeur ou son être). Ma croyance, toute croyance, et l'estime de soi en est une, a besoin d'un garant visible et tangible, d'une attestation extérieure et reconnue. Les clés de la morale et du moral des troupes sont dans la boîte à images (hier, la boîte à livres) et ce tabernacle n'est pas à demeure. Mon âme et mon corps ne coïncident plus.

*

L'ascendant médiatique, objectera-t-on, est fictif et ne tient que du crédit que nous lui accordons ? Certes, mais relire Valéry ici encore : le fonctionnement d'une société est de part en part fiduciaire. À l'instar de nos billets de banque, l'entente mutuelle ne va pas sans quelques conventions fondamentales et préalables. Comme on ne risque guère de voir quelque jour une société où personne ne croit en rien, on aurait tort d'imaginer une vie collective sans quelque mythe mobilisateur, tant il faut au temporel le plomb stabilisateur d'une crédulité partagée. L'autorité est inéliminable, et qui en renverse une en inaugure une autre, non protocolaire et dépourvue des prestiges de l'ancienne. La persistance rétinienne des clichés d'hier nous fait ainsi localiser les croyants à la messe et les prédicateurs en chaire. Autant chercher les militants dans les partis, ou l'intelligence dans l'intelligentsia. Comme si le mouvement de la vie ne décalait pas les choses d'avec les mots. Les clergés, comme les imaginaires, se succèdent par métamorphose plus que par filiation. Héritier malgré lui, rien ne destinait le médiatique à une tâche aussi grave, ni sa routine ni sa conscience. C'est pourquoi il la remplit si bien, avec une naïveté efficace. Les rôles les mieux joués sont ceux qui ne sont pas joués.

De fait, ce rôle exorbitant, où l'effet dépasse singulièrement l'intention, le journalisme ne l'a ni cherché ni voulu. Mais la cohésion sociale, comme la nature, ayant horreur du vide, il a bien fallu forcer les dévouements, trouver un vicaire pour colmater les fuites. Ce n'est pas un ersatz ni une caricature — même si le nouveau venu ne satisfait pas aux canons des titulaires traditionnels (ascèse éducative, sens de l'au-delà, don des morts, profondeur de temps, esprit d'ensemble, etc.). Le procès en insuffisance est oiseux, et assez suffisant. Par rapport à quels critères ? Ceux d'hier. Les aunes se suivent, mais ne se superposent pas. Les Églises établies se trouvant quasiment hors service, n'abritant plus que des communions particulières, résiduelles et minoritaires ; et l'Université républicaine en phase terminale, pour d'innombrables raisons dont le déclin du livre et des humanités (disons de la chose livresque) n'est pas la moindre, une nouvelle Église s'est élevée sur les décombres de l'ancienne. Et la relève s'est faite, à l'insu de tous. On ne détruit que ce qu'on remplace. L'empire des âmes, ce « sacerdoce populaire et régénérateur » qu'Auguste Comte, en bon fils de Condorcet et de l'*Encyclopédie*, enlevait à l'Église « rétrograde », il l'avait confié à l'école et aux ministres du savoir. Cent cinquante ans et trois générations techniques plus tard, force est de constater que ce ne sont pas les chaires magistrales qui modèlent la pensée d'une génération, mais les magistratures de l'écran et du papier — aussi beaucoup de maîtres, depuis trente ans, sont-ils passés des salles de classe aux salles de rédaction (le chemin inverse étant peu fréquenté). Le problème n'est pas de savoir si c'est bien ou mal. Le problème, encore une fois, est d'aménager, entre le trône et l'autel, une limitation réciproque des emprises. De régler le régulateur, non de contester ses titres à la régulation.

« Tout est relatif — c'est notre seul absolu », disait le pontife de la religion de l'Humanité. À chaque sacré social ses ministres. Le temps est un grand inventeur, et nos valeurs changent avec nos vecteurs. L'aréopage porté par la vidéosphère est en phase avec l'« homme précaire », nous. Chez qui le *feeling* tient lieu de conviction, l'emballement d'adhésion, et une même longueur d'ondes d'accord raisonné. Ce zappeur stroboscopique, mon frère, mon double, au temps d'attention raccourci, au rythme de vie accéléré, ce singe crédule et snob, d'autant plus facilement *impressionnable* que privé de ses séculaires références et repères — les pare-chocs d'une mémoire —, offre une cible facile, toute dissipée et fuyante soit-elle. L'hypermarché sportif se donne un spirituel avenant, svelte et nerveux. Une clientèle versatile absorbe un hallucinogène doux, à effet limité, à rotation rapide. On y croit sans trop y croire. À peine le doute s'insinue-t-il sous la dernière fable qu'une nouvelle livraison vient relancer le jeu. Et tout recommence à zéro, chaque matin un monde neuf. Simulacres ? On fait semblant ? Peut-être. Mais au moment où la finale — allez les bleus ! — dissipe la der des ders — allons enfants ! —, le *comme si* est de mise. Ce qu'on appelle non sans optimisme « l'ère du vide » était la forme évaporée d'un plein, et « les basses eaux mythologiques », un décours insolite et non un assèchement du mythe. Chaque âge comporte sa perfection. Nous avons atteint la nôtre.

IV

Ancien et nouveau sacerdoce

Étrange vicariat que cette régence sans tête, ni règlement, ni Constitution. Quoi ? Ce souverain affolé, improvisateur, maladroit, volatile, flattant à tous les vents, cynique et suiviste, ferait une Église ? Où est la théologie ? Les Saintes Écritures ? Le Sacré Collège ? La primauté de l'évêque de Rome ? La tombe de Pierre et Paul ? Le médiatique, c'est vrai, se présente aux fidèles comme un agrégat inconstitué de titres désunis. Voilà bien une profession « ouverte » qui n'exige ni sacrements ni même diplômes. L'Église catholique, apostolique et romaine serait-elle l'étalon mètre, le paradigme immuable des hégémonies morales ? C'est une matrice parmi d'autres, et décalée. L'époque n'aime pas les embrigadements ni les uniformes. Nous préférons le self-service des croyances au menu imposé. Le bol, le gong et l'encens plus que la tiare et la crosse. Le flou chaleureux, les énergies profondes du *New Age* plus que les idées claires. Outre que la mentalité homogène du magistère le dispense des vieilleries pyramidales (si les médias avaient un pape, ce serait l'Empereur du monde), c'est en réalité parce que les médias n'ont pas forme d'institution, confédérale ou juridique, qu'ils peuvent faire la nique aux institutions. La fluidité des organigrammes, postes, rubriques et titulaires — disons : l'état gazeux de ce corps — fait au contraire sa force, à l'âge mouvant du réseau. De même qu'en daubant la révérence timorée envers les pouvoirs la presse a fini par les intimider tous, et par se faire révérer, elle, son habit d'Arlequin est devenu l'habit de cérémonie. C'est la cravate noire qui ferait rire. Elle pousse l'intelligence des temps jusqu'à cultiver la dérision et l'insolence (conformes aux idées du moment).

*

Alors, rien de nouveau sous le soleil ? Nenni. L'impérissable de la fonction, redisons-le, implique, et appelle, le périssable des organes (et quel matériau est plus périssable que les nouvelles ?). Personne n'oubliera les perplexités et contradictions de celui-ci. Le journalisme, qui est aux journaux ce que l'Église comme corps mystique est aux églises, bâtiments précaires sans unité de style, représente une cléricature originale adaptée à une époque originale. Son type de légitimité et d'hégémonie produit de nos jours un effet d'Église, un *comme si*. Or, la profession, au départ, se définissait comme un anti-clergé. Au XVIIIe et au XIXe siècle, sa seule apparition a été ressentie comme une basse injure par le clergé en place, littéraire et universitaire ; et, ce, bien avant que le professeur et l'écrivain devinent que les « Rousseau du ruisseau » et les pisse-copie à tant la ligne grandiraient assez pour prendre un jour leur place sans ménagement. Au reste, le terme de « clergé », tout métaphorique soit-il ici, devrait se dépouiller des charges négatives que lui ont valu l'oubli du passé et la déchristianisation. Le mot mérite beaucoup de considération, un peu d'effroi et nul dédain.

Comment réunir sous un même sigle une gamme écartelée de salariés, allant d'un pôle intellectuel très chic à un pôle commercial très vulgaire ? Clergé n'est nullement synonyme de *monolithisme*. Ce serait oublier la violence des hérésies et des schismes qui ont secoué l'Église chrétienne à ses débuts (on s'est positivement entre-tué entre iconoclastes et iconodules, monophysites et ariens) ; la passion des controverses dogmatiques (quel Pascal journaliste, quel janséniste du métier oserait interpeller ses pairs sur le ton des *Provinciales* ?) ; les rivalités féroces d'ordres et de personnes. Rien du lourd appareil idéologique d'État imaginé par les marxistes. La presse française, terre de contrastes ? Plutôt moins que l'Église de France, emboîtement de ministructures souvent désajustées, et qui grincent. Il y a loin de tel célèbre chroniqueur à l'agencier de nuit ? Et du Prince empourpré au prêtre ouvrier en canadienne ? De l'abbé Pierre au primat des Gaules ? Et, hier, de l'abbé Grégoire à Pie VII ? De Bartolomé de Las Casas, le dominicain qui eut pitié des esclaves indiens d'Amérique, à Bossuet, l'évêque de Meaux, qui n'en eut aucune ? La cohésion du clergé, le premier du nom, a toujours été précaire ; innombrables ses crises de conscience, ses déchirures, ses disputes ; mais c'est la *patrie spirituelle* des clercs, commune à ceux qui s'entre-déchirent. Ce n'est pas parce qu'on porte telle carte ou tel habit qu'on pensera ceci ou cela (un ecclésiastique n'est pas plus prédéterminé dans son être intime par son ordre qu'un journaliste par son titre) ou qu'on sera intégralement réductible à son état. Là est justement le rôle de l'institution : faire d'un tas un tout, de l'homogène avec de l'hétérogène, une façade unie, au-dehors, avec mille lézardes au-dedans. Et dans le temps, faire de la continuité avec des ruptures, la chaîne ininterrompue d'un esprit maison avec des changements de direction et de ton. Le spirituel est platonique en amour, mais en société, il n'est jamais incorporel ni immatériel. C'est sa vertu que de préexister et survivre à ses incarnations successives. *Le*

Monde de 1950 n'est pas celui de 1980, qui n'est pas celui de l'an 2000 : mais le stagiaire catéchumène une fois intronisé héritera d'une componction, d'une retenue, d'un style indirect, inconsciente matrice qui guidera sa plume. Et qui deviendra, provisoirement, le temps qu'il y restera, son modèle de correction symbolique (celui qu'on ne se sent pas libre de trahir sans atteindre l'image qu'on a de soi-même). On ne compte plus, en définitive, les journalistes qui « ne font pas partie du même monde » que le confrère. Mais on peut escompter que tous les confrères communient dans une foi partagée en l'information rédemptrice, autant que les frères ennemis de l'Église communient dans l'Esprit Saint.

« Clergé » n'est pas non plus synonyme d'*obscurantisme*. Ce serait oublier qu'il fut pendant les siècles obscurs le gardien de la civilisation, et le seul cadre des activités de raison. Qu'il fut l'école et l'hôpital, le siège de la connaissance autant que de la justice. Et que les plus grands génies y ont élu domicile, pour faire l'orthodoxie autant que pour la défaire. Car tout système de pensée génère son contre-système, tout dogme sa dissidence. L'activité rationnelle inhérente au travail d'exégèse fut un principe de déstabilisation théologique ; la fibre critique et distante propre à l'enquête journalistique est un principe de déstabilisation de l'orthodoxie d'un journal. Les conflits ecclésiastiques entre la probité intellectuelle et l'intégrité de la foi se reproduisent à distance. De plus en plus nombreux sont les reporters, et les humanitaires, partagés entre les valeurs de consensus et les données de l'expérience. Ceux-là regimbent à conforter les mythes qui rassurent et reposent. Comme hier les prêtres intelligents prenaient leurs distances avec le récit littéral de la Genèse ou le procès de Galilée.

*

En tout cas, qui divorce d'avec le journalisme, creuset et laboratoire de « l'esprit du temps », manquera ce que Hegel nommait « la réunion au *Zeitgeist* ». Si les grands hommes, disait-il, sont « ceux dont les buts particuliers contiennent le substantiel qui est la volonté de l'esprit du monde », c'est le fondateur de réseau, et non plus de régime, qui est « l'homme d'affaires du génie de notre univers », le plus digne de s'élever au symbole. Ce que Napoléon fut à son temps, Ted Turner l'est au nôtre. Dans la recherche fébrile du scoop se particularise, sous une forme dramatique, le génie intime de l'époque.

Comme le service de Dieu dans les temps féodaux et monarchiques, rien d'étonnant que celui de l'information attire le plus clair des énergies intellectuelles et physiques. Tel est le pouvoir de convocation propre aux zones vives du présent, oxygénées par l'innovation technique, vitaminées par l'argent : non seulement attirer à elles les individus les plus dynamiques, mais tirer le meilleur parti des agilités et fragilités humaines. Le journalisme a le don providentiel d'*optimiser la ressource*, en transformant les défauts du lecteur en qualités d'écriture, et ses propres contraintes (internes et externes, professionnelles et commerciales) en stimulants créatifs. Comme le judoka retourne le poids du partenaire, le meilleur journalisme retourne le sommaire en synthétique (ou la réticence à creuser en habileté à résumer), l'expéditif en cursif, l'appétit de surprise en détection du nouveau, le voyeurisme en investigation, l'homme pressé en homme réactif et le défaut d'attention du public moyen en un art consommé de retenir l'attention (faire court et simple). C'est bien une école de pertinence, par le style, au sens Hemingway, et par l'esprit, au sens Hegel. Elle vient donc à propos, conforme aux attentes et aptitudes d'une société à laquelle le bon journalisme renvoie sa propre image, mais épurée, électrisée, mise sur haute tension. De même qu'il y a, selon les lieux et les moments, des peuples élus, des arts essentiels (l'architecture au Moyen Âge, la peinture au XIXe siècle, le cinéma au XXe siècle), il y a des métiers favoris des dieux, Hermès, en ce cas précis. Quoi qu'il en coûte de le reconnaître à un clerc d'ancien style, un vieux-croyant alambiqué issu de la sphère livresque et universitaire, le journalisme est devenu « la voix du siècle », pour son meilleur et pour son pire. Sa boulimie d'emprise pousse à l'usurpation, mais son aura est le juste rayonnement du vital.

Il y a usurpation temporelle quand un pouvoir d'État s'arroge les attributs du pouvoir spirituel, quand un gouvernement entend dicter les opinions légitimes, réglementer les croyances, dire le juste et le beau. Ainsi des temps byzantins, ultra-jacobins, fascistes, staliniens. Il y a usurpation spirituelle, à l'inverse, quand un pouvoir moral s'arroge les attributs du pouvoir temporel, quand il prétend faire la loi, confisquer la souveraineté ou dicter leur conduite aux gouvernants. Ainsi de la théocratie calviniste, des États de l'Église, de la *charia* intégriste. Vue de près, notre post-démocratie en formation évoque plus le deuxième cas de figure que le premier. On s'est tous réjouis, par exemple, de voir cesser une usurpation temporelle le jour où les pouvoirs publics ont rendu leur liberté à la télévision publique ; sans prendre garde que si la télévision privée venait à priver les pouvoirs publics de leur liberté de penser et d'agir, on se retrouverait en état d'usurpation spirituelle.

La presse, ou l'institution de salut propre à la démocratie tardive qui substitue au devoir d'instruction (l'école) le droit à l'information (la nouvelle). Comment se libérer des vieilles sujétions si l'on n'est pas au courant ? L'égale liberté des individus suppose d'informer tout le monde, pour étendre la démocratie, comme notre salut jadis voulait qu'on évangélise toutes les nations, pour étendre le règne du Christ. La mission actuelle : élargir jusqu'au plus secret (jusqu'aux tréfonds les plus encrassés de la vie collective ou privée) le règne de la *transparence*. Même si « rendre la lumière suppose d'ombre une morne moitié »...

*

Si l'on voulait mesurer l'aujourd'hui à l'hier, et l'efficace au désuet, on dirait que l'obédience en pied a plutôt, dans son profil bas, forme protestante — décentralisée, non personnifiée, moins hiérarchisée, plus démocratique et décontractée que la monarchie romaine. Le protestant préfère l'infusion à l'imposition. La contagion du bien à l'obéissance, l'horizontal au vertical. Notre guidage est de l'ordre de la mouvance ; on procède à l'anglo-saxonne, quitte à importer et à traduire (notre *médiateur* vient du scandinave *ombudsman*, expérimenté pour la première fois dans la presse en 1967, au *Louisville Courrier Journal*). Pour l'imprimé, primauté au *New York Times* et à *The Economist.* Pour l'audiovisuel, à CNN, *cardo, fons et origo*, axe, source et origine de la foi cathodique. Nos Rome, Mecque et Jérusalem, où le pèlerinage vaut quelques indulgences partielles (à durée limitée), s'appellent New York, Washington et Atlanta. Ailleurs existe dans chaque juridiction une présidence spirituelle indiscutée : *Le Monde* a préséance en France, *El País*, en Espagne, *La Repubblica* en Italie, *The Financial Times* à Londres, etc. Chaque diocèse national a son « ordinaire ». L'hégémonie de la télévision sur la presse écrite (depuis 1970 à peu près) n'a pas altéré la hiérarchie des légitimités, nous disons « crédibilités ».

Éthique protestante, mœurs latines. Les avantages du réformé (picaillons et bagatelle autorisés) sans les inconvénients (rigueur et scrupules). Les joies de l'observatoire sans les contraintes de l'observance. Le renvoi d'ascenseur, version mondaine du commerce des indulgences, ou l'octroi d'un bénéfice (chronique ou statut) pour sceller une alliance respectent l'esprit de bande, la coutume des clans et du clientélisme. Nos suppléments littéraires, en France, entretiennent à merveille ce pittoresque ethnologique : dithyrambe en famille, vendetta et coups de grâce, la casse et le séné. Cette simonie gentillette demeure, chez nous, laxistes, péché véniel. L'arriéré féodal du terroir exonère la tambouille hebdomadaire des influences.

*

Dans le *new world*, canoniser se dit *nobéliser*. Le dicastère n'est plus romain, mais scandinave. La procédure s'est à la fois accélérée (aujourd'hui, tout va plus vite) et allégée (le laborieux procès en canonisation, dont les évêques au Moyen Âge pouvaient prendre l'initiative, souffre des lourdeurs du Saint-Siège). Les motifs se banalisent : le luthérien couronne démocratiquement un press-book international, non une longue enquête locale (ici, pas d'« avocat du diable », comme se surnommait le « promoteur de la foi » chargé de critiquer ou de réfuter les preuves de sainteté : la candeur nordique va au plus simple). En talonnant l'actualité, le prix Nobel de la paix parachève une médiatisation réussie. La titraille ajoutera un nom à la liste des saints de la société civile universelle. Même si le culte dégingandé des bienheureux *up to date* n'est pas d'adoration, mais de vénération simple, la décision coupe court aux discussions et rendra attentatoire la moindre interrogation sur le fond. Le rituel expiatoire où se rendront ensuite les hommages s'intitulera congrès, rencontre ou colloque — célébré par une haute personnalité « incontestable » (secrétaire général, président, directeur). Est ainsi proposée chaque année par le jury d'Oslo à notre besoin de santons en chair et en os une valeur sûre. Laquelle se voit conférer de son vivant (et non à titre posthume, comme chez les papistes) un droit de sermon (en général, sous la forme d'un article *syndicated* dispatché *worldwide* pour traduction vernaculaire). Les religions horizontales n'ont pas de temps à perdre et une brave créature peut se retrouver momifiée de son vivant. L'inconvénient du rapide, c'est l'éphémère, l'effritement. Le mondialement sanctifié (à quoi ne pouvaient prétendre nos cultes vernaculaires) sied au village global, mais il perd en pérennité ce qu'il gagne en étendue. Inexorable.

Un jury donne le premier prix du Bien, un tribunal le premier prix du Mal. L'estampe de piété est alors au complet : saint Michel terrassant le dragon.

*

Nos éditorialistes, les révérendissimes, ne portent pas rabat, ni croix pectorale, ni soutane ? Ils seraient bien les seuls, aujourd'hui. Il y a, dans notre clergé sans col et sans gêne, dégourdi, un peu voyou sur les bords (parfois), de joyeux drilles, main baladeuse et sourire en coin ? Certes. Croit-on que les pasteurs de toutes dénominations qui font le travail outre-Manche et outre-Atlantique brandissent à tout bout de champ les tables de la Loi et le bâton recourbé ? Ne nous attardons pas sur les folklores, manies, insignes et looks. Le journalisme couvre la planète, tout comme le christianisme. Les professionnels se comptent par centaines de milliers, et chaque pays a son jeu, ses règles, son idiosyncrasie. Rien qu'en France trente mille titulaires de la carte. Ils devraient se tire-bouchonner, les sans-grade de la presse spécialisée, les rubricards, les « localiers » — à qui on donne du mon coco et non du Monseigneur — à s'entendre affubler d'un titre par trop soutenu, incongru, hyperbolique. Le journaleux au casuel de misère, qui tire dans son coin de page le diable par la queue, lui opposera son peu de respectabilité dans sa sous-préfecture, dont il souffre, légitimement. Croit-on que le bas clergé, au XVIIIe siècle, était content de son sort ? Qu'il jouissait de l'estime générale ? Que les grands seigneurs recevaient la prêtraille à leur table ? Que les folliculaires ne chansonnaient pas « la vérole sur le bas clergé breton », la paillardise des moines, la gourmandise des chanoines, les curetons au mauvais esprit ? N'étaient « reçus » que les crossés et mitrés, les cardinaux en robe rouge, la couleur du martyre. Nos éminences en tweed côtoient les seigneurs de la banque et de l'industrie, comme les abbés d'antan, plus empesés, les comtes et les ducs ; mais toujours en vantant les sacrifices du diocésain ou du missionnaire (un pouvoir non démocratique a plus besoin de démagogie qu'un autre). Le reporter souffrant et l'enquêteur militant pèsent peu au regard de l'éditorialiste, élite cohésive et connectée. Le cercle intérieur formé par une demi-centaine de « leaders d'opinion », une poignée par thème et sujet, officiant de conserve, dispose d'un « capital d'autorité et de relations » qu'aucune autre confrérie ne saurait égaler. Il lui assure une inégalable relation d'autorité avec le tout-venant [1].

L'Église première se répartissait en enseignante et enseignée, soit en clercs et en laïcs. Notre société agnostique se répartit à son tour en émetteurs et récepteurs d'information, autre hiatus. Enchaînement des primautés. Le clergé

1. Lire Serge Halimi, qui décrit les effets pervers d'une endogamie corporative dans *Les Nouveaux Chiens de garde*, Paris, Liber-Raisons d'agir, 1997.

était le premier ordre du royaume de France, dont certaines prérogatives font une ombre portée. Après tout, les journalistes sont les seuls salariés que le Code du travail crédite d'une conscience (la « clause de conscience », source d'indemnités particulières). Les seuls, avec les dockers, qui soient dotés d'une instance corporative, au demeurant intègre et exigeante (la commission de la carte). Et l'une des très rares où un curriculum puisse se décliner, sans ridicule ou forfanterie, comme l'histoire d'une *vocation*.

Les clercs avaient, parmi leurs obligations, celle de « posséder les connaissances nécessaires à leur état » (bien qu'il y eût beaucoup de quasi-illettrés parmi eux, à la base) : nos jeunes stagiaires ont encore le bonheur de rencontrer un saint patron, un père spirituel. Même si les grandes écoles de journalisme ne valent pas les grands séminaires imposés par le concile de Trente (six ans d'études minimum), on peut faire la même remarque sur les autres filières d'apprentissage (lycées et facultés). Des prohibitions spéciales aussi : ne pas se livrer au commerce, ne pas assister aux courses de taureaux ou de chevaux, aux spectacles et aux foires, s'abstenir de « ménages » parallèles, etc. — interdits que seuls quelques puritains vieux style, qui ne sacrifient pas à la déesse image, continuent de respecter.

L'état ecclésiastique bénéficie par tradition de certaines immunités. Ses lieux sont inviolables, la personne soustraite aux charges qui grèvent le commun des mortels. Les abattements et privilèges fiscaux (30 %) réservés à l'état journalistique ne sont-ils pas un reste de l'immunité fiscale d'avant la Séparation ? Ce qui n'empêchait pas les clercs de devoir verser moult cotisations et contributions à l'Église elle-même — tels les décimes levés par le pape et autres annates (un dixième au moins des revenus, comme les journalistes à présent en frais de solidarité).

L'irresponsabilité, frôlant de près l'*impunité*, découlerait de l'ancien « for de juridiction » ou « privilège de clergie ». L'évêque ne saurait être jugé par une juridiction ordinaire et « seuls les clercs, dit saint Ambroise, peuvent juger des procès entre clercs ». L'Église se jugeait elle-même. Ainsi la Déclaration des devoirs et droits du journaliste (adoptée à Munich en 1971) stipule-t-elle que « le journaliste n'accepte en matière d'honneur que la juridiction de ses pairs ». Ici la rémission automatique des péchés s'appelle « confraternité » (un journaliste de presse écrite n'en débine pas un autre). Une société est une collection d'êtres s'imitant les uns les autres. Ajoutons pour celle-ci : se congratulant à voix haute (mais n'en pensant pas moins, bien sûr). La profession n'a pas le loisir, ni l'espace, ni les organes nécessaires pour l'exercice d'une solidarité responsable : l'entre-soi garantit l'indulgence. On a le droit de juger les laïcs, mais on n'a pas à subir leur jugement. Grâce d'état. De l'extérieur, la critique est sacrilège. Ne dit-on pas : « Celui qui tire sur les journalistes est un homme mort » ? Sauf extraordinaire, le droit de réponse est à la discrétion de la rédaction, comme la lettre de lecteur, dont le sort dépendra du contenu et d'un équilibre visuel du courrier (avec, dans le meilleur des cas, deux lignes assassines suivies d'un « n.d.l.r. » entre parenthèses). L'*erratum*, politesse propre à la graphosphère ? Un justiciable a plus de droits qu'un lecteur ou un téléspectateur. C'est que le juge ordinaire, le magistrat à toque grevé d'hermine est tenu par des règles et un code de procédure ; le journaliste, juge sans robe, n'est tenu que par un code de bonne conduite, comme on dit lorsque la règle ne comporte ni obligation ni sanction réelle.

L'*infaillibilité* de la presse n'a rien d'un dogme — ce qui la rendrait évidemment insoutenable ou farcesque. Ce n'est pas un article de foi, mais une loi de fonctionnement, qui a nom « vitesse » et « urgence ». Difficile de revenir sur l'« autorité de la chose médiatisée » (Jean-Claude Guillebaud), on n'arrête pas la machine. Le souverain pontife n'est infaillible que lorsqu'il parle *ex cathedra* et pour définir la doctrine de l'Église universelle : soit très rarement. Un quotidien l'est quotidiennement ; un hebdo, semanalement. Le *Roma locuta est* — Rome a parlé, plus rien à dire — a pour équivalent contemporain le laconique « désolé, cher ami, mais ce n'est plus d'actualité » opposé à toute demande de retour en arrière, ou de rectificatif. Un grand journal, il est vrai, peut s'excuser à quelques jours de distance, mais sur le long terme, la transparence du flux efface les traces à mesure ; titres, scandales, « génocides » se chassent l'un l'autre (la Tchétchénie le Kosovo, qui chasse le Golfe, qui chasse le Panamá, etc.) ; pas de temps, pas de place, on ne traite pas deux urgences de front ; et l'info-éclair, chaque jour lavée de ses fautes, traduit une pulsion vitale d'amnésie confinant à l'allégresse.

Chassé-croisé d'autorités, *once again*. D'un côté, la fin des immunités d'État (ou de la souveraineté sans partage de l'État sur le droit, avec ses juridictions administratives hors la norme commune) s'est accompagnée de l'essor des immunités de presse (ou de la souveraineté sans partage de l'opinion sur l'État et sur le droit). De l'autre, le tacite renoncement de l'Église à l'impunité mystique (non du pape lui-même, car il y a *de jure* deux infaillibilités : la cléricale et la papale) s'est accompagné de la montée en puissance d'une nouvelle infaillibilité *de facto*, sobrement fonctionnelle (en dépit d'autocritiques de pure forme, sans effet d'amendement sur la suite). C'est quand les prêtres purent aller en prison que les journalistes d'Occident en furent démocratiquement exemptés (les collègues payant encore un lourd tribut dans les pays pauvres et les dictatures). L'épiscopat appelle à des *repentances*, et le pontife romain procède à des *contritions* publiques pour « les erreurs et les crimes de l'Église ». Le successeur applaudit des deux mains cette modestie nouvelle, mais s'indignerait qu'on puisse lui demander à son tour des comptes pour ses propres errements. Et le même qui estime anormal qu'un politique puisse être à la fois maire, député et président de Région, ne verra qu'avantage à cumuler chronique imprimée, tranche radio et créneau télé (qui a l'une ayant *ipso facto* droit aux deux autres).

L'Église a attendu trois cent cinquante ans pour réhabiliter Galilée. L'accélération des rythmes augure d'un moindre délai pour les repentirs de sa puînée.

*

« Sentir, c'est comparer », dit-on en esthétique. En sciences morales aussi. Quiconque fréquente de front les « archéo » et les « pseudo », en vient à se demander s'il n'y a pas plus de diversité d'opinions, de non-conformisme et de liberté de discussion chez les jésuites et les dominicains, par exemple, que parmi Nosseigneurs de l'instant. Les fondés de pouvoir de l'Éternel ont acquis, à la longue, le sens du relatif ; les préposés à l'éphémère tranchent de tout dans l'absolu. Le contraste marque parfois jusqu'au maintien : ici, fébrilité, jactance, hauteur ; et là, une douceur bonhomme, une écoute courtoise. Dans la croyance aussi, le *new money* affiche une arrogance que la vieille banque évite.

Est-ce pourquoi le missionnaire armé a changé de berceau ? Le clergé, c'est l'une de ses missions, bénit en tant que de besoin les armes du roi et de la nation. Et pendant que le pape donnait audience, à Rome, aux opposants à la dernière croisade du siècle, avant de demander pardon pour les anciennes, nos desservants en fonction bénissaient *ex cathedra*, du haut de leur chaire éditoriale, bombardiers et porte-avions. Pénitence du vétéran, pétulance du novice : décalage chronologique entre une bimillénaire recrue de guerres saintes, qui a cessé de rêver plaies et bosses, et une cadette encore inexpérimentée, qui en veut et ne doute de rien...

Il est rare que le remplaçant éprouve une quelconque reconnaissance envers le prédécesseur. En l'occurrence, le jeunot a la phobie de l'ancêtre, auquel il ne ménage pas ses sarcasmes. La presse confessionnelle lui paraît bien molle, les valeurs judéo-chrétiennes ringardes et les rigueurs vaticanes profondément choquantes. L'historien des croyances collectives ne s'étonnera pas de cette muflerie. C'est de toujours.

V
Du pouvoir intellectuel au pouvoir spirituel

C'est en conquérant son indépendance envers les pouvoirs politiques que la presse a conquis sa suréminence. Les médias se sont cléricalisés en se professionnalisant et en plaçant l'« éthique de l'information » au-dessus de l'esprit de parti ou d'un engagement idéologique. Tant que le journalisme européen restait le prolongement des guerres partisanes par d'autres moyens, ce qui fut le cas de la presse d'opinion depuis sa naissance au siècle dernier, son autorité était faible parce que déléguée. Chaque parti ou mouvance avait *son* journal, comme chaque chef de file, Clemenceau ou Jaurès, son organe : le bras armé, ou la feuille imprimée, valait ce que valaient les buts de guerre. Le vecteur se jugeait à sa charge — programme, idée ou sensibilité. (Chez nous, le petit écran était la « voix de la France », *Le Figaro* des conservateurs, *L'Humanité* du Parti, et *Le Monde* de la démocratie chrétienne.) Ringard. En amont, les stock options ont supplanté le comité central ; les actionnaires, les militants ; et, en aval, les rédactions émancipées ne s'en laissent plus conter.

Cette très ostensible « séparation des pouvoirs » s'est traduite en sous-main par une professionnalisation double, des gestionnaires de l'État et de l'Info. Décoloration en miroir des deux « classes » (la politique et la médiatique), qui diminue, ici et là, les chances des personnalités d'exception. Elle rend sur chaque échiquier les pions quelque peu interchangeables : le gris gagne, paillettes et quadrichromie en dédommagement. Moins de grandes gueules, plus de notables. Un prêtre a le charisme de son état, un journaliste a le prestige de son support, et, au moment où le tout médiatique se rendait indépendant du tout politique, ce tout se rendait *ipso facto* indépendant des individus. Ce qui eut deux conséquences : uniformisation des tons et du fond, avec lissage des aspérités du support (un seul hebdo en cinq ou six, une chaîne en dix ou vingt, etc.), et alignement des personnels sur le profil habilité. C'est l'ordination qui compte, non la voix ou les dons. Hiérarchie des places, non des talents. Logique de clergé. Ironie : les médias se sont sanctuarisés en se normalisant. Ils se sont rangés, les *moi* ont perdu, mais le *nous* a gagné. Il s'émancipe — et nous enchaîne.

*

L'autonomie collégiale, condition *sine qua non* de l'autorité morale, n'aurait pas suffi à faire quelque chose comme une spiritualité laïque si ne s'y ajoutait une *dimension normative*, susceptible d'imposer doucement un ensemble ordonné de jugements de valeur. L'énonciation d'une norme (idéal, règle, but ou modèle, selon les cas) suppose une certaine capacité d'abstraction. Un idéal n'implique pas l'obligation de le réaliser, et le normatif n'est pas l'impératif. Une norme n'est pas une loi ni un commandement, elle est ce dont la loi s'inspire, et ce que les mandataires se doivent de respecter. Quoi qu'il en soit, la pensée de l'idéal est toujours quelque peu la négation de la réalité au profit d'une idée de la réalité. Cette aptitude à l'abstraction, ou au bon débarras, est le propre de l'intellectuel, non du journaliste. Une presse ne peut devenir normative ou cléricale sans une forte composante intellectuelle en son sein, et c'est le cas par excellence de la presse française, vouée par son histoire à l'idée plus qu'au fait (chez nous, l'idée est plus têtue).

Depuis une trentaine d'années, et par degrés insensibles, on a vu confluer sur la presse sérieuse ou autorisée, d'un côté, des journalistes-intellectuels (diplômés d'université et militants rompus aux joutes idéologiques) et, de l'autre, des intellectuels-journalistes (qu'ils aient une œuvre indépendante des circonstances tout en désirant par ailleurs passer la rampe ou qu'ils s'inscrivent d'emblée dans la culture de flux, comme les nouveaux philosophes). Cette coalition périlleuse — où qui nous fait prince nous fait traître — repose sur une communauté à la fois d'intérêts égoïstes (plus mon journal sera influent, plus je le serai moi, se dit la grande conscience, et plus je capterai d'intellectuels, plus je serai influent, se dit le grand directeur) et d'aspirations généreuses (Justice et Vérité). La bonne cause alliée à des agitateurs inspirés ont ainsi transformé les anciens organes d'information en moyens d'intervention et de réparation, affermés à une poignée d'intervenants. C'est que le reflux des investissements partisans libérait un potentiel de militance désœuvrée et transférait vers la communication les talents rompus à la *guerra spirituale*. Transformant le « profession : journaliste » en « plate-forme de lutte » et intégrant la déontologie professionnelle à l'éthique « citoyenne ». Ainsi la désillusion messianique s'est-elle combinée avec la hausse des qualifications — les luttes baissent, le niveau monte — pour réinvestir le papier et les ondes d'une mission d'amendement et de conseil, qui multiplie le XIXe siècle par un facteur dix. La superbe française donne ses lettres de noblesse à l'encadrement paroissial — faisant loupe sur un édifiant endémique, mais ailleurs mieux enrobé.

*

Une norme ne peut être vulgarisée que sous une forme rudimentaire (les théologiens les plus subtils font de mauvais prêcheurs). La thématique de la modernité, de la démocratie et des droits de l'homme — où certains philosophes voient « un degré zéro de politique et de philosophie » (Jean-Luc Nancy) — permet cette décantation. Elle a le mérite de fusionner bon sens et bons sentiments, par une mise en facteur commun préalable et supérieur à tout idiotisme de métier, option personnelle ou esprit de boutique. C'est en renonçant à l'ampoulé doctrinaire que les médias ont atteint leur zénith moral, à partir d'une vulgate stabilisée, d'autant mieux assimilable que simplette. Air du temps saturé mais translucide, incolore comme l'éternel. Bon comme le pain. Une croyance sans credo, c'est une catéchèse sans catéchisme. Serions-nous à ce point bonne pâte si l'article de foi chapeautait l'article ? Escamotez l'idée, et vous imposerez l'idée. La vulgate médiatique (ou la *koinè*, la langue de communication des communicants) ressortit à un évolutionnisme heureux débouchant sur un système de notation/description applicable uniformément aux œuvres, aux idées et aux gens. Il consiste en gros à les distribuer sur le vecteur fléché qui conduit le monde de l'archaïsme à la modernité, ou du fermé à l'ouvert. Plus on sera proche du pôle archaïque-fermé, plus on accumulera de mauvais points ; plus on se rapprochera de l'ouvert-moderne, plus on aura de bons points. Sommaire, donc efficace. Que l'archaïsme puisse être au bout de la modernité, et que l'ouverture puisse déboucher sur du refermé — ces hypothèses paradoxales mais chaque jour vérifiées seront chassées par la *koinè* valorisante comme de mauvaises pensées, incompréhensibles car dévalorisantes. Exemple : il est européen et moderne, donc bien, de promouvoir les langues régionales et minoritaires. Promotion ou charte qui implique un repli certain sur le terroir, un rétrécissement féodal des horizons (dont Charles Maurras s'était fait en son temps le chantre). Donc, ce devrait être mal. Que faire ? Éviter d'y penser et ridiculiser l'« intégrisme républicain », le « dogmatisme nationalitaire » de ceux que cette contradiction pourrait troubler. L'avantage de ne pas avoir de dogme (la pensée de l'adversaire), c'est qu'on peut déclarer clos un certain nombre de débats (sur les quotas ou les régions, par exemple) sans avoir besoin de les ouvrir, parce que débattre supposerait qu'on entre sur le terrain des dogmes, par nature étranger à la presse sérieuse qui se tient, elle, dans l'évidence narquoise du fait.

*

Marx concevait l'idéologie comme l'image renversée du réel sur notre rétine, où la chose se projette à l'envers, à la façon d'une chambre noire. Il existe une idéologie spontanée du journaliste (comme du savant, du politique, de l'avocat, du professeur, de l'humanitaire, de tous les corps de métier en général) : c'est l'image qu'il se fait de lui-même. Celle-ci ne le prédispose guère à mesurer la mission sacrée dont l'a investi le racornissement des institutions. Pire : elle en fait, à ses propres yeux, un profanateur professionnel, un briseur d'idoles, un casse-cou sans foi ni loi. À l'image vexatoire et stéréotypée que lui renvoient ses imprécateurs — celle du laquais aux ordres, mercenaire ronronnant, grassement nourri, etc. —, le journaliste oppose volontiers son modèle intérieur, l'« idéal du moi » de la légende. On ne la caricaturerait pas trop en développant comme suit : « Notre mission ? Établir ou rétablir la vérité contre tous les pouvoirs établis, "porter la plume dans toute plaie". Déjouer les ruses, démonter les leurres de l'État qui, par définition, fait de la propagande, tandis que la presse, elle, dévoile les non-dits. Elle est là pour révéler le réel, sans fioritures, à et contre ceux que leur idéologie embrume, que leurs intérêts égarent. Son premier devoir : l'irrespect envers les tabous et faux-semblants, l'insolence et l'incrédulité. Nous sommes le petit contre le gros (en alliance avec le "petit juge" incorruptible et faussement naïf), la mouche du coche, le poil à gratter, l'empêcheur de mentir en rond. On redresse les torts, mais sans *a priori*. Car on a une éthique, mieux qu'une morale. On est assez grand pour être son propre régulateur, car on a une déontologie, nous, non un Conseil de l'ordre. On affronte, dos au mur et mains nues, les puissants (car le puissant, par définition, c'est l'autre). Nous, on ne nous la fait pas. L'impertinent va droit aux cuisines, les flagorneurs au salon. Il dérange, il décoiffe, il débusque. "Nous ne sommes pas des annexes du Quai d'Orsay." "Nous sommes fiers de donner des coups de talon dans la fourmilière." "Je suis un rebelle, question de dignité." Ce pur, ce fendant, ce loup solitaire tient la dragée haute à ses contemporains. Il ne mange pas de ce pain-là, lui : la corruption, le prêt-à-penser, la brosse à reluire. Le vrai de vrai, bon cœur et mauvaise tête, "on ne le voit ni à la cour, ni dans aucun clan, ni dans une faction". » Comment se verrait-il, ce mixte de Rouletabille et de Robin des Bois — moitié Albert Londres moitié Woodward-Bernstein — en sentinelle du préjugé et portier d'orthodoxie ? Cela irait contre son vœu, c'est le moins qu'on puisse dire. Mais depuis quand fait-on ce qu'on veut, ici-bas ?

*

À État fort, clergé faible. À clergé fort, État faible. Ce mouvement de balancier se lit dans l'histoire longue des sociétés occidentales, notamment la française[1] : plus le pouvoir temporel se retire du spirituel, plus le spirituel s'investit dans le temporel. Moins il y a de valeurs en jeu dans l'administration des corps, plus on en demande aux ministres de l'esprit. Lorsque la politique déçoit, la morale console et souffle dans les voiles du parti prêtre. Promotion par défaut. Il serait facile de montrer, dans la courbe du dernier siècle, qu'à chaque dépression d'apolitisme correspond une remontée de moralisme. On le voit bien aujourd'hui au théâtre des modes, où les sagesses éternelles ou orientales tiennent l'avant-scène, dressées sur le cadavre des philosophies de l'histoire. N'y aurait-il pas « corrélation significative » entre les taux record d'abstention électorale et l'affluence record des sectes, mouvements charismatiques et séminaires de théosophie ? De ce jeu de vases communicants, l'Antiquité grecque et romaine témoigne exemplairement. Le déclin, ici, de la Cité et, là, de la République, portées l'une et l'autre par des pratiques de raison, correspond à l'essor des Mystères orientaux et des doctrines de salut ésotérique. Ce qu'on peut traduire plus sobrement : dans chaque déglingue du lien social, le souci politique revêt d'autres formes que les habituelles.

Vies privées violées ? Secrets d'alcôves dévoilés ? Le trou de serrure rapporte, c'est de toujours. Mais s'il devient à présent légitime, presque acceptable, c'est par contrecoup. On est fort aise qu'aucun gouvernement (et les socialistes encore moins) n'inscrive plus à son programme la régénération *hic et nunc* de l'humanité. Sauf que la chimère,

1. Voir *Le Pouvoir intellectuel en France*, Paris, Ramsay, 1979.

devenue orpheline, s'en va faire des siennes dans la classe sacerdotale. Au laisser-faire étatique répond l'activisme médiatique. Notre État, et tant mieux, n'intervient plus en matière de morale sexuelle et conjugale ; de médecine ou de toxicomanie ; de délits économiques. Il s'est défaussé de la norme sur des comités consultatifs ou périphériques (comme de la laïcité à l'école sur le Conseil d'État). Cela se paie : le glaive spirituel se relève dès que le temporel s'abaisse. Les enquêtes dérapent en perquisitions, les titres en mots d'ordre, les éditoriaux en semonces, les comptes rendus en verdicts. Les Églises rétrécissent en O.N.G. ; les O.N.G. gonflent en Ordres. Un horizon européen assez bas, réduit au financier et à l'industriel, propulse vers le haut nos nouvelles instances disciplinaires et réglementaires. Le crépuscule d'une servitude, c'était donc la levée d'une autre, classique prise de relais. Les subordinations se font à l'envers. Où a-t-on vu un minimum d'autonomie des individus sans un minimum de dignité pour l'État ?

*

Resterait cette énigme : pourquoi est-ce au pays de France, réputé frondeur et mauvaise tête, le seul d'Europe où la laïcité figure nommément dans la Constitution, que la vassalisation est la plus saisissante ? Pourquoi ce qui se publie très innocemment dans le *Guardian,* le *Toronto Star* ou le *Los Angeles Times,* par exemple sur la guerre du Kosovo et les emballements de propagande qui l'ont rendue possible, serait impubliable en France, dans des organes équivalents ? Il y faudrait une étude qui dépasse nos moyens. Quelques pistes à mentionner, en vrac.

— « La nation Christ » (Michelet), « le pays de l'Idée » (Karl Marx), « la fille aînée de l'Église » ont tendance, par tradition, à sublimer les enjeux politiques. Dans la guerre des grands mots, le cossard chausse le cothurne, la claque fait coterie et « nul n'aura d'esprit que nous et nos amis ». Exaltation qui finit par monter à la tête. Le devoir d'universel. L'exception française. Enivrement connu. Passons.

— L'aplatissement gestionnaire a eu des contrecoups plus sévères qu'ailleurs, dans la mesure où la République gérait bon gré mal gré les valeurs collectives de référence. Avec la nouvelle suprématie de l'économie, force est d'aller quérir dans les médias les transcendances morales que l'école et ses distributions de prix, la guerre et les funérailles nationales du héros, les films faits maison et les bibliothèques municipales ne nous procurent plus. C'est curieusement le contraire avec l'État américain, parce que l'actuelle religion civile était la sienne depuis sa naissance et qu'il avait dès l'origine son déisme incorporé, avec le *One Nation Under God*, sa conviction de peuple élu et ses dollars frappés de *In God We Trust*.

Aux États-Unis, où l'esprit légiste sert d'antidote à la tyrannie de l'opinion et où l'empirisme des mentalités vient tempérer l'idéalisme moral, le droit à la dissidence est au reste inclus dans la croyance (c'est le contrat de départ). Esprit de religion et esprit de liberté vont ensemble, pas de Saint-Barthélemy dans les soutes. Cela peut expliquer pourquoi l'univers médiatique aux États-Unis est assez conformiste mais moins dogmatique et moins crispé qu'en France. *Facts are facts*. Le pouvoir symbolique, partout, se pose en s'opposant au pouvoir politique. Là où ce pouvoir depuis toujours fait la morale au reste du monde, s'y opposer, c'est opposer les réalités aux déclarations et les conduites aux discours (ce que fait la presse américaine). Le pouvoir politique français étant de type cynique ou réaliste, s'y opposer, c'est opposer l'idéal à l'intéressé, et les principes aux conduites. Là où la Chambre des représentants peut voter une motion de soutien aux Dix Commandements (1999), comme un président ou le Congrès lui-même appeler à une journée nationale de prière (en 1970, pour le retour sains et saufs des astronautes), signaler un mensonge officiel ne ruine pas les assises de l'État. Aux États-Unis, la mise en crise du consensuel par l'information ne saurait avoir d'incidence majeure sur le consensus social, tant ce dernier est fort, ancré qu'il est dans le monothéisme (neuf Américains sur dix déclarent croire en Dieu et deux sur trois se disent affiliés à une Église). Cette compacité laisse peu de latitude à une Église alternative ou concurrente, susceptible de truster l'approvisionnement spirituel du pays (la France n'a pas l'habitude des lois anti-monopoles).

— La pyramide simplificatrice d'un pays jacobin où très peu, mais au centre, peuvent fournir à beaucoup, en périphérie. L'Amérique fédérale amortit la prééminence médiatique en multipliant les présidences locales (journaux, radios, télés). Ce ne sont pas de simples relais du centre (le *Kansas City Star* a son autonomie et le *Los Angeles Times* ne fait pas écho au *New York Times*). La « pensée unique » en France trouve sa base matérielle dans la facile mise en réseau d'un ou deux quartiers de Paris sur un territoire exigu et peigné, à fuseau horaire et mental unique. Providence géographique et administrative.

— Un complexe de culpabilité bien compréhensible, notamment chez les générations montantes (sevrées des récits et légendes de la Résistance qui ont bercé la jeunesse des aînées). Le jeune Français a découvert les compromissions et les lâchetés du grand-papa vichyssois. D'où un légitime désir de contrition, de suspicion, mais aussi de précaution. Puisque nous avons été aveugles à ce point, ou louvoyants, ou attentistes, on ne laissera plus rien passer qui puisse inspirer à nos petits-enfants l'idée que, nous aussi, nous avons été complices du pire et n'avons rien voulu savoir. Quiconque lance le mot devenu réflexe de « génocide », « nazi » ou « révisionniste » est sûr de trouver une oreille attentive et quiconque voudra aller y voir sera bientôt réputé louche ou complaisant. On se félicitera de ces avancées de la vigilance, tout en craignant qu'on ne puisse l'imputer, en partie, au même esprit moutonnier et craintif qui inspirait les maréchalistes des années noires.

— Une période historique de Restauration, autochtone et spontanée, sans précédent depuis 1815 (si on néglige la parenthèse imposée de 1940-1944). Contrecoup de la défaite à grande échelle du mouvement ouvrier et des utopies égalitaires comme, il y a trois siècles, de la révolution jacobine et des utopies rationalistes. Le noir vient après le rouge. La Sainte Alliance, après la République universelle. Retour de pendule favorable au chevrotement doloriste, aux larmoiements de pénitence et d'édification.

— Le phénomène des « ex », enfin, tout marginal qu'il soit. Ex-communistes, ex-maoïstes ou ex-trotskistes, appuyés sur la dernière génération des grandes espérances, animent l'appareil spirituel de masse. Rien ne se recase mieux que le fanatisme, pourvu qu'un idéal, toujours, illumine l'horizon. Le physicien belge Jean Bricmont analyse ainsi cette conservation du même dans l'autre. « Reconnaissant ses erreurs passées, l'*ex* jure qu'on ne l'y reprendra plus et que rien n'est désormais plus sacré que la démocratie "bourgeoise" et les libertés "formelles". Et il identifie désormais cette cause avec celle de "l'Occident". [...] Mais, en embrassant la cause de l'Occident et en donnant au reste du monde de savantes leçons sur le caractère sacré des droits de l'homme, les ex commettent en général une erreur exactement symétrique de leurs erreurs passées. Une véritable défense des droits de l'homme suppose en effet que l'on soit capable de distinguer entre les discours officiels et les actes[1]. »

*

N'étant ni politologue ni sociologue, on serait bien en peine de dire ce qu'il faut conclure de ces impertinentes hypothèses. L'auteur n'est pas en position de faire la leçon, et encore moins de morale. Il a dû beaucoup, personnellement, et peut-être la vie, à l'appui solidaire de la presse, lorsqu'il fut prisonnier. C'est peu dire, pour le reste, qu'il n'a rien d'un petit saint. Il a fait partie, sinon des instances épiscopales, du moins de leurs banlieues huppées, la frange peu monastique des intellectuels-journalistes susnommés (le Neuilly de l'archevêché). Il s'exprime encore, de loin en loin, dans *Le Monde diplomatique* et dans un hebdomadaire outrageusement plébéien, *Marianne*. On verra en lui l'équivalent d'un chanoine défroqué — et qui regagne la vie civile (l'enseignement de la philosophie, son port d'attache). Les sociologues expliqueront que c'est une stratégie d'influence comme une autre, consistant à renverser un déclassement en reclassement. Soit un retrait d'autorité (ecclésiastique) en argu-

1. Et Bricmont de préciser, à propos du Kosovo : « En fin de compte, malgré l'identification constante, dans le discours de propagande, entre Milosevic et Hitler, Milosevic a bien plus fonctionné comme un “Staline” dans l'imagination de la gauche européenne que comme un “Hitler”, c'est-à-dire comme quelqu'un avec qui on ne veut plus, à aucun prix, être identifié. Vu que pendant toute la période où la gauche radicale était léniniste, tout argument contre l'impérialisme occidental était compté, si on peut dire, comme un argument en faveur du “socialisme réel”, après le renversement de perspective lié à l'émergence des “ex”, toute critique de l'action de l'Occident a été considérée comme suspecte de nostalgie stalinienne » (*Informe sobre el conflicto y la guerra de Kosovo*, Madrid, Edit. del oriente y del mediterráneo, 1999).

ment d'autorité (pédagogique). On n'écoute pas assez les sociologues.

Faut-il être un « type bien », sans louches compromissions à se reprocher, pour s'étonner de certains retournements ? Pour la raison qu'il n'est pas de liberté sans liberté de la presse, ce qui est évident, doit-on voir sans broncher une autocratie marchande se muer en rempart et symbole de la démocratie, ce qui fait un peu drôle ? Du fait qu'il n'est pas de liberté sans liberté des cultes, ne se déduit pas le bien-fondé de la théocratie. Et qui condamne les persécutions religieuses ne donne pas un blanc-seing à Torquemada. La tradition chrétienne nomme « communion des saints » la mystérieuse union qui lie l'Église triomphante à la militante et à la souffrante. Le substitut qui triomphe sous nos yeux aime à rappeler ses liens avec ceux qui militent et souffrent sous les dictatures. Ne passons pas d'une juste et nécessaire entraide à la justification par les catacombes et les martyrs. Qui objecte aux prélatures palatines ne crache pas au visage du Père de Foucauld, des prêtres-ouvriers, des sœurs de Calcutta et des moines assassinés d'Algérie. Brisons les barreaux là où ils existent. Mais ne nous voilons pas le fait qu'au centre du monde opulent un contre-pouvoir valeureux peut devenir un sur-pouvoir sans risques. Le principe de publicité, opposé à l'éternel secret des inquisitions, se retourner en inquisition. L'ancien organe de contrôle des pouvoirs devenir incontrôlable, et le garde-fou des politiques, rendre les politiques fous. Une limitation de pouvoir est bonne quand elle est réciproque (tu me juges, je te juge ; tu m'empêches, je t'empêche). Elle ne l'est plus dès lors qu'aucun rival n'est en mesure de contrecarrer une industrie de la conscience qui, non contente d'informer, en vient à vouloir formater et conformer. Celle-ci fait travailler le temporel à sa propre ruine, sans mandat populaire pour ce faire. Voilà chacun d'entre nous sans rempart contre la plus inattaquable des hégémonies qu'ait jamais enfantée l'ère industrielle. Et née, chose stupéfiante, d'un élan libertaire et frondeur. Des soulèvements du pavé de Paris.

« C'était vraiment bien la peine de nous faire tuer » : amère légende d'une gravure de Daumier, croquant en 1835 le retour des Joseph Prudhomme. Deux ans plus tôt, le même dessinait un jeune gaillard imprimeur, personnifiant la liberté de la presse, envoyant valser d'un coup de pied muscadins, calotins et ganaches. Légende tout terrain. Elle ponctue nos combats les moins douteux, depuis deux siècles. Chaque fois qu'une révolution se retourne en contre-révolution, une émancipation en assujettissement. Si on lui enlève son désespoir, le sarcasme de Daumier veut simplement dire que, du meilleur, le pire peut sortir — et tout est à recommencer.

Ce qui n'empêchera pas, bien sûr, de lutter pour le meilleur partout où la modernité libérale n'est pas encore passée, là où la force brute brime ou décapite la presse. Dans les trop nombreux pays où les journalistes sont tués (trente-six en 1999, dix-neuf en 1998 selon Reporters sans frontières), emprisonnés (plus de cent) ou empêchés (par milliers).

VI

D'un handicap métaphysique et des moyens d'y remédier

Les médias sont loin d'avoir une emprise totale sur les esprits ? Les confessions d'antan en avaient moins encore (le spirituel travaille à l'économie, selon un productif *less is more*). Pour faire face à l'immensité de sa tâche, l'Église romaine se divisait le travail pastoral. Les évêques, moines et chanoines réguliers n'avaient pas vocation à s'adresser au petit peuple (les docteurs en théologie non plus) ; mais les frères prêcheurs et les ordres mendiants, oui. L'Éminentissime et le Poverello poursuivaient la même fin, gagner les âmes à Dieu, mais par des voies différentes. L'Église des croisades donnait utilement, féodalement, la priorité au sommet sur la base. Moraliser les institutions chevaleresques et les couches dirigeantes n'était pas une mince affaire, et l'on supputait que les simples fidèles suivraient le mouvement, en payant la dîme (l'ancienne redevance)... Cela s'appelait agir *in capite*, non *in membris*.

Fait-on mieux aujourd'hui, et comment ? Bien connus sont les cercles vertueux de la prédication en rond, le circuit en boucle qui fabrique l'opinion des faiseurs d'opinion. Toute domination s'exerce au premier chef sur les dominants (les pasteurs d'abord, les ouailles ensuite), mais cette autodiscipline, cet incessant peignage du premier cercle commande assez bien aux intermédiaires, de par les

« reprises » en aval et la dénivellation en cascade des « unes ». La télévision (sous sa forme hertzienne, avant le morcellement numérique) a (ou avait jusqu'ici) l'avantage à cet égard de faire régner dans les publics un certain esprit de foule. Le décideur lit *son* journal, « élitiste », le matin et l'après-midi, avant de confluer le soir avec Madame Michu, devant le journal de 20 heures, « populaire ». Il risquerait la noyade, si l'image-son du soir ne se fabriquait avec l'imprimé de midi. Plus de fenêtres, moins de perspectives. La devise est leibnizienne : tirer le maximum du minimum. Plus de flashes et moins de tartines. En France, quatre-vingts quotidiens nationaux en 1914, vingt-huit en 1946, une dizaine en 2000 ; deux cent quarante-deux quotidiens régionaux en 1914, soixante-cinq en 1990. Moins il y a de supports, mieux se fera le transport.

*

La presse écrite serait alors à l'audiovisuelle ce que le magistère était à la pastorale. Ou l'autorité des évêques à celle des catéchistes (la revue de presse du matin, à la radio, est un quotidien ressourcement). Pour les contenus de foi, l'imprimé reste en amont. Aujourd'hui, la réduction du nombre des titres ajoutée au cumul des mandats stimule la standardisation douce du message, qu'avaient de loin flairée nos narines fines. Balzac a pronostiqué le « journal unique » en pleine monarchie de Juillet, et Tarde en a fait la psychologie à la Belle Époque. Il écrivait : « L'homme d'un seul livre est à craindre, a-t-on dit ; mais qu'est-ce auprès de l'homme d'un seul journal ! Et cet homme, c'est chacun de nous, au fond, ou peu s'en faut. Voilà le danger des temps nouveaux [1]. » Joli pressentiment.

1. G. Tarde, *L'Opinion et la foule*, *op. cit.*

L'homme d'un seul livre ou le fanatique. Il n'est pas en manque ; voué à une lecture infinie, il est même débordé par cette source surabondante de sens et de sous-entendus, dont une vie entière passée à lire sous la lampe ne saurait venir à bout. *La* Bible, comme *le* Coran, dit tout sur tout. À quoi bon aller voir ailleurs ? C'est aujourd'hui l'englobant du journal de référence, dont tel étudiant de Sciences Po vous dit qu'il est sa Bible, sa quotidienne pâture, et qui le submerge lui aussi, le dévot se sent en faute, il ne peut tout lire, il devrait, quelle honte ! Le journal unique a bien succédé au livre unique, le monomane au monothéiste — selon l'évolution générale des pratiques de lecture, laquelle s'est échappée du livre comme le génie de la bouteille. Pour le cadre supérieur français, le seul, le dernier rituel de lecture obligatoire n'est-il pas sa revue de presse ?

L'on rétorquera que nous ne lisons jamais le même livre, ni le même journal. Chaque public (et si on est d'une seule foule, on appartient à plusieurs publics) découpe son journal à lui dans celui des autres, en « coupant » ce qui le gêne, ne gardant que ce qui lui sied. La Bible, il est vrai, avait de quoi alimenter toutes sortes d'hérésies, qui n'étaient que des lectures trop individuelles et non autorisées ; et le protestant a même pu s'en faire un argument d'insurrection contre les catholiques. La Bible stimule le luthérien et le papiste. Notre bulletin du soir nourrit à la fois « socialistes » et « libéraux ». Les directeurs de conscience, un par un, subjuguent moins qu'ils ne le croient, et que nous leur faisons croire, pour les feinter, ou par gentillesse (cette courtoisie un peu lâche des auditoires, lectorats, audiences : euh ! bah ! bof !). Les sociologues de la « réception » se font une joie d'établir qu'à chacun son émetteur, et que nous « co-produisons » le message en le recevant. Pas faux, pas vraiment vrai. Toute source unique enferme — y compris ses hérétiques. Toute pâture coutumière paît le troupeau dans un cercle de ruminations névrotiques, avec, entre obsessionnels, cette secrète sympathie qui fait les bonnes guerres de religion. Il n'est pas besoin d'épouser les mêmes idées pour respirer le même air. Il suffit qu'on s'accorde à tenir ceci ou bien cela pour réel : ce qui est digne d'être débattu. Par ce choix préalable, si spontané qu'inconscient, s'opère l'essentiel, qui est le partage entre le décisif et l'accessoire, accord implicite qui suffit à sceller l'entre-soi. L'opposition des thèses est la bienvenue (la page « Libres opinions ») pourvu que l'objet du débat soit bien clair pour tous. Et que nous tenions tous pour flagrant (nous qui aimons le Seigneur) qu'une hostie est plus qu'une rondelle de pain azyme, que notre destin pivote sur l'eucharistie, sacrement suprême, vie ou mort. Après quoi, le jeu est ouvert : transsubstantiation orthodoxe (la consécration change la substance du pain), consubstantiation luthérienne (le changement ne dure que le temps de l'assemblée), simple célébration anabaptiste (sans changement de substance), etc. Faites vos exégèses, faites la guerre. Nous ne sommes d'accord sur rien, sinon que ce désaccord mérite qu'on s'entre-tue. Les autres, les négligents, vont aux Folies-Bergère. Ni pour ni contre : bêtement *ailleurs*.

Et passer d'un *entre-soi* dans un autre (rien que de Paris à Athènes), c'est comme changer de religion. Un tri différent dans l'information disponible suffit à construire un tout autre horizon de référence ; à inverser, dans le paysage nommé « actualité », fond et forme. D'où, entre deux planètes mentales qui se côtoient sans s'entendre en pleine Europe, un dialogue de sourds (disons entre un intellectuel grec et son homologue français, mêmes titres et formation), faute d'un réel compatible à partager. Car une religion civile, c'est bête comme chou : un même rendez-vous quotidien. La source décide. Hérésie en deçà de l'Adriatique, orthodoxie au-delà. À l'étranger, par temps de crise, le confort exige de se procurer chaque jour son bulletin paroissial.

*

L'Église aînée tenait le peuple par les femmes et les grands par les confesseurs. La prédication débouchait sur la confession, qui inspirait la contrition, qui produisait la sujétion, relative. Son tenant-lieu est moins bien armé en arguments et sacrements, et donc plus exposé à une cassure entre le haut et le bas. L'on sait maints domaines où le civil renâcle (cinéma, littérature, spectacles). Tout relayé qu'il soit par ses contrebas audiovisuels, le haut clergé contemporain, à tu et à toi avec les Grands, a une emprise forte sur les décideurs et faible sur le populaire. Déserter le four pour être au moulin, fatalité classique. « De tout temps division a esté entre les clercs et les lays, et est rare qu'ils soyent en paix » (*Le Songe du vergier*, XIIIe siècle). La « presse féminine » ne se distingue pas vraiment de l'autre, mais la féminitude, moins sensible, désormais, aux remontrances d'en haut, reste le point faible du dispositif (là serait l'inattendu).

C'est encore sur les hauteurs, comme jadis, que l'archiprêtre nommé « dircom » excelle, notamment grâce au succédané du confesseur du roi qu'est le « conseiller en communication » du président, du ministre, du P.D.-G., le passe-muraille de la Cour, le monsignor de l'antichambre secrète. Ce père Joseph, guère plus connu du public que les grands aumôniers et confesseurs jadis spécialement attachés à la personne du souverain, a ses « petites entrées », lui aussi. Le ministre de la rédemption des âmes royales n'est plus là pour leur inspirer l'horreur du péché, mais de l'impopularité [1]. Il confesse, s'interpose, prévient. Fixe l'emploi du temps, l'ordre des sorties et des allocutions. Mais la télécommande du consultant, le *primus inter pares* de l'entourage, est elle-même commandée par la théologie régnante. C'est *via* ce clergé de Cour que tous les dirigeants de la planète (les plus délaissés, les présidents africains, s'y sont mis à leur tour) obéissent aux injonctions de l'Église cathodique et puritaine, en incorporant jour après jour des dogmes qui n'en sont pas.

*

Matériellement considéré, le médiatique n'est guère plus qu'un ensemble de supports, doublé d'un réseau de transport. Un peu léger pour faire le poids (moral). C'est un opérateur de sacralité — par ceci qu'il relie l'homme à l'homme, dans chaque circonscription, et permet à la communauté des hommes de s'éprouver comme telle, en Mondovision. Mais c'est en lui-même un opérateur abstrait. Il faut à cette forme un contenu, à ce cadre un tableau, des personnages, une intrigue, plus que les nouvelles du jour. Il faut un *sens* ; et qu'il soit édifiant ; et sensible. Qu'est-ce concrètement que le bien aujourd'hui ? Le droit, notre dernière morale commune. Le droit dans un État de droit survit au « désenchantement du monde ». Cet ultime principe de ralliement est désormais le seul capable de mettre d'accord entre elles toutes les familles d'opinion. Il est au-dedans neutre, impartial et indépendant. Quelle est, au-dehors, et à défaut d'une cour pénale internationale ratifiée par les principaux États du monde, la cause qui survit à

1. Voir Xavier de la Selle, *Le Service des âmes à la Cour. Confesseurs et aumôniers des rois de France du* XIIIe *au* XVe *siècle*, Paris, Publications de l'École des chartes, 1995.

l'écroulement des grandes causes ? La Croix-Rouge, dont Henri Dunant détermina, en 1862, dans ses *Souvenirs de Solferino*, la neutralité, l'impartialité et l'indépendance. Mais la Croix-Rouge a vieilli. Elle est laïque, désespérément neutre, mate et discrète. Cette bureaucratie trop anonyme pour plaire a dû céder la vedette aux humanitaires, plus fiables parce que plus militants. Ils se croisent pour les droits de l'homme et combattent avec panache les ennemis de l'Occident, leurs bourreaux préférés (M.S.F. France a expulsé M.S.F. Grèce dont les médecins avaient osé aller soigner, en plus des victimes albanaises, les victimes serbes, comme si un ressortissant du Mal méritait les mêmes soins que les représentants du Bien). Le journalisme a donc monté les marches de la puissance avec le juge à son bras gauche et l'humanitaire à son bras droit. Face au trio diabolique, le dictateur, le sbire et l'idéologue, la triade angélique : le juge, le journaliste, l'infirmière. Que faire là-contre ? Quiconque objecte ne peut qu'être un inconscient ou une ordure. Le spirituel domine le laïc telle une ogive trilobée (il y a une esthétique de l'ascendant).

La presse écrite préfère le juge. C'est l'organe de la raison et du différé, et la justice, surtout en système inquisitoire, fonctionne à l'écrit (le procès-verbal d'interrogatoire, la note de chancellerie, les réquisitions du parquet). On reste en famille avec la fuite vers l'imprimé. La télévision préfère l'humanitaire. C'est l'organe de l'émotion et de l'immédiat, la médecine d'urgence opère à ciel ouvert et en direct. Elle permet des images fortes, à la fois insoutenables et réconfortantes (le tandem victime/sauveur, blessé/médecin). C'est l'allié naturel des caméras, qui le lui rendent bien. Ici, pas de fuites clandestines, mais des reportages légitimes, parfois un peu trop (le débarquement américain en Somalie de 1992 restant de loin le meilleur).

Les deux ailes de l'ange contemporain sont activées par le corps-charnière qu'elles activent elles-mêmes. La coalition justicière ne résulte pas d'une louche connivence, mais d'un archétype immémorial : la Vengeance poursuivant le Crime. Cet optimum biblique repose en entier sur le verbe actif, le moyen de la poursuite, du suivi et du suspense : la diffusion. Un relais passif, un simple enregistreur ? Pour la catastrophe, accident, funérailles et scandales, les médias sont au moins *coproducteurs.* Ils motivent, et parfois même organisent. Sans le médium, pas d'effet de levier sur le gouvernement et l'opinion, ni pour l'humanitaire, qui attend des fonds et des décisions, ni pour le juge, qui se garantit ainsi contre les interférences et un blocage politique du dossier. Au reste, que seraient une opération de secours ou une instruction dont personne n'aurait connaissance ? Des non-événements sans doute salutaires, localement efficaces, mais qui ne pourraient plus « servir de leçon » ni se proposer aux tièdes, aux nonchalants, en « ardente obligation ». Échange de bons procédés. L'appel à l'opinion est de l'intérêt du juge qui prend l'État en étau. Il redore aussi le blason du journaliste, qui joint la sensation à la vertu. Et de l'humanitaire également, qui, grâce au journal, mobilise et catalyse. Ce dernier offrira en échange de fortes émotions, qui élargissent l'audience (l'analyse la réduit), et de bonnes infos. Certaines feront même une bonne histoire, mise en exergue à certaines conditions scénaristiques (posées et décidées par le diffuseur, qui tranche seul en dernière instance) : 1) qu'il y ait un méchant clairement désigné ; 2) que ce dernier soit rouge-archéo, ou néo-totalitaire, pour que le public s'y reconnaisse et ne perde pas le fil, car ainsi a été construit le scénario du siècle, démocratie contre totalitarisme. Qui ne rentre pas dans ce cadre (Soudan, Érythrée, Bangladesh, Burundi, etc.) n'a pas droit au cadrage, figurant de troisième zone. Tels les boat people haïtiens à côté des vietnamiens. Et enfin, 3) qu'il y ait un Bon sur le terrain, auquel nous puissions nous identifier et nous rassurer contre l'insoutenable [1]. La victime bouleverse, le secouriste réconforte, et le sucre fait passer la pilule...

Tissé d'abstractions, rude handicap en vidéosphère, le droit, lui, n'est pas télégénique. Il est précis et patient — second handicap. Le prétoire reste cependant assez théâtral pour obnubiler la scène publique, mais la promotion du « petit juge » en star n'est pas due qu'aux atouts dramaturgiques du débat judiciaire. Elle permet à son imprésario d'humilier le temporel (le droit se dénationalise, la loi des députés s'efface devant le droit communautaire et les normes supérieures) ; de le discréditer, de le criminaliser par personne interposée. En assurant la promotion du juge, le clerc ne nuit pas à la sienne. Il montre au populo combien peu de chose est l'État — un magistrat droit et sous-payé peut faire trembler un potentat, le contraindre à la démission, l'envoyer au trou. Caton aurait tort de bouder son plaisir (n'étant pas lui-même justiciable, ou si peu). Pas de République sans vertu ? Moins de vertu, moins de république. Et plus d'emprise.

L'héroïsation de l'humanitaire permet en outre de narguer les administrations en charge, par un mouvement tournant à distance. Le médecin déconsidère le diplomate (Camus, Machiavel). La compassion, le « monstre froid ». L'omnivision, les procédures invisibles de la concertation. Penaud, le rond-de-cuir. La nouvelle loi du cœur apporte bien plus qu'un supplément de cœur. Elle illustre la prédo-

1. Voir sur ce sujet l'instructif et très informé Rony Brauman et René Backmann, *Les Médias et l'Humanitaire. Éthique de l'Information ou charité-spectacle,* Paris, C.F.P.J., 1996.

minance du bon sur le juste, du légitime sur le légal, de la moralité, qui a ses truchements attitrés, sur la politique, qui a ses contraintes. Ainsi s'atteste le fondement éthique de nos opérations militaires : on se bat, une fois n'est pas coutume, pour des idéaux et non pour du pétrole, une colonie ou une base militaire de plus. Le tee-shirt exonère l'uniforme, l'assistance, la belligérance. Les armées et bureaucraties humanitaires sont la baguette magique qui métamorphose l'ennemi en délinquant, c'est-à-dire en ennemi du genre humain, ce qui pulvérise tout calcul d'intérêts ou partage des raisons. Preuve qu'il s'agit bien d'une descente de police, au nom de la loi, non d'un conflit politico-militaire, au nom d'un camp. Malgré son aspect pathétique, ou plutôt à cause de lui, l'idéologie humanitaire nous préserve de la tragédie, avec ses vertiges intimes (« la tragédie, c'est quand les deux parties ont raison ensemble »). Il y a en elle de l'amortisseur, de l'édulcorant ; et son succès est tout d'aménité. Sa *médiodépendance* (subventions de l'État, de l'Union européenne et dons des particuliers étant proportionnels à sa visibilité sociale) fait du secouriste un membre de la famille. Un homme sûr. Un ministre. Subordination techniquement déterminée, puisque la détresse n'existe pour nous que transmise, soumise au tempo télévisuel, et que le secours également passe par le petit écran ou ne passe pas. Aurait-on la morale — comme l'économie — de ses tuyaux ? « Le moulin à bras vous donnera le suzerain, le moulin à vapeur le capitaliste. » Si l'on cédait aux pesanteurs (oubliant l'écologie), on dirait : la conscience télégraphique vous donne Henri Dunant ; la vibration radiophonique l'abbé Pierre ; le saisissement du *live*, le *french doctor* consensuel. L'humanitaire ou le romantisme de l'électron ? Réducteur. Mais le rayon d'intervention désormais planétaire des multinationales du Bien est celui du rayon hertzien, en sorte que l'arbitre de cette nouvelle « conscience mondiale », qui est un progrès, par beaucoup de côtés, sur la nationale, n'est pas l'homme au bistouri mais l'homme à la caméra.

*

Béquilles, adjuvants que tout cela ? L'émotion immédiate ne compense pas la vie éternelle, soit. Nous restons dans le succédané, certes. Malgré le manque de réserves eschatologiques, saluons néanmoins le rendement : un maximum d'influence sociale pour une mise symbolique minimale.

Quand l'au-delà disparaît, un levier s'écroule. Les moyens de chantage des remplaçants, pris en eux-mêmes, font alors penser à de l'intérimaire, du bricolage d'interrègne. Qui détenait les clés de l'enfer et du paradis pouvait jouer avec les flammes et la béatitude. La menace de châtiment et l'offre de récompense avaient du répondant. Être damné dans les siècles des siècles, cela dissuade de faire l'imbécile (plus que d'être taxé à vie de lepéniste ou de révisionniste). N'oublions pas, cependant, l'évolution des amours-propres et des épidermes : nous sommes devenus plus vulnérables aux sanctions immédiates, plus douillets que nos aînés. L'Éternel diminuait la crainte des mauvaises réputations lors de notre bref passage sur terre. Il est par ailleurs certain que le génie du christianisme comporte un merveilleux, des cérémonials, une somptuosité infiniment plus envoûtants que nos maigres liturgies (lecture méditée du journal, assistance à la messe du 20 heures, obole à l'O.N.G., manif ou procession civile, assiduité aux colloques et conférences). La panthéonade la plus réussie (Cassin, Grégoire ou Malraux) fera toujours pâlotte à côté d'un *Te Deum* à Notre-Dame. Rappelons-nous, là encore, qu'un devenir protestant appelle moins d'ostentation et plus d'intériorité. Et qu'une observance minimale, qu'on peut dire de survie, devient optimale quand la foi elle-même devient perplexe et timide. Les Romains ont multiplié les temples quand ils ont cessé de prendre leurs dieux au sérieux. L'historien dira peut-être que l'Occident a renchéri sur l'humanitaire quand il a cessé de croire en l'homme et en son invincibilité — quand le parti fut pris, ou le constat dressé, « que l'homme s'effacerait, comme, à la limite de la mer, un visage de sable ».

*

Les handicaps métaphysiques d'un clergé « faible » (comme la « pensée faible », celle de notre temps) sont irrécusables, non insurmontables. En sus de la mixité, qui double les capacités de recrutement, on peut les pallier par trois avantages opérationnels.

Le premier : l'invasion par l'intérieur. Plus besoin de sortir de chez soi pour célébrer l'office. L'autel, comme l'Amérique, est dans chaque foyer (la télé, notre dieu lare), et la prédication, information *non stop*. Aucune foi, jamais, n'a été capable de toucher, quotidiennement, tous les ressortissants d'un pays à domicile, vieux et jeunes. Chaque nouvelle tranche de temps libre (les trente-cinq heures) se traduisant par un supplément d'exposition (les médias, troisième activité de l'homme après le sommeil et parfois le travail). Ni l'Église, ni le Grand Orient, ni l'Internationale communiste, à leur belle époque, ni, bien sûr, aucun service de communication du gouvernement n'ont bénéficié d'une pareille capacité « tous azimuts ». Chaque jour sera dimanche, chaque gourbi un temple, chaque heure canoniale. La télé généraliste, c'est notre horloge sociale, l'agenda du pauvre. Et la première fonction d'une religion, souvenons-nous, c'est de structurer l'espace et le temps, de nous offrir la carte et le calendrier à domicile. Chose faite.

Le deuxième : une vie spirituelle sans vie intérieure, distrayante, dépaysante, qui fusionne l'info, la pub et le *fun*. Un culte électrique, qui tient en haleine (tempêtes, procès, horreurs, exactions), puisqu'il s'alimente et se recharge jour après jour à la mise en intrigue judiciaire et humanitaire de l'actualité. Une dévotion à rebondissements, qui n'est plus synonyme de retraite, d'ascèse, de désert, de lenteurs et d'arides lectures, mais d'images chocs, de gimmicks et de jingles. Et qui peut même retourner en sa faveur les ivresses du spectacle, du zapping, de la vitesse et du marché. L'organisation des loisirs par le merveilleux. Pascal n'y avait pas pensé : du religieux comme divertissement. Soit l'homélie faite variétés, la piété plaisir et le recueillement excitation. Ni qu'on pût demeurer au repos dans une chambre, y regarder, avec bonheur, *suave mari magno,* tous les malheurs du monde et assouvir sans bouger « notre nature qui est dans le mouvement ».

Le troisième : une doctrine universelle et, de plus, d'application immédiate (les schismatiques eux-mêmes, chinois ou russes, doivent, pour être admis à la conversation mondiale, dire leur rosaire à voix haute). C'est le dépôt sacré qui assure le « point de vue d'ensemble » indispensable à tout pouvoir spirituel, et compense par une synthèse sublime la dispersion terre à terre, l'égayement profanatoire des *news.* Jaurès parlait jadis de « la vieille chanson qui berce la misère humaine ». De la nouvelle, l'« opinion publique internationale » fait le chœur, le Conseil de sécurité les paroles, CNN, Euronews et Mondovision les coryphées. L'acoustique est assurée par la globalisation des psychodrames, des ritournelles, des chagrins et des liesses.

Aucune congrégation du passé n'en a rêvé de pareille ampleur, qui donne aux tentatives pontificales de restaurer la Chrétienté en Europe l'aspect d'une diversion dans un diverticule.

VII
La mondialisation religieuse

Quel est donc ce cercle d'or qui s'est dilaté jusqu'aux limites du genre humain ? Au point de faire d'une « ouverture sur le monde » une fermeture d'esprit sans précédent. De quoi sommes-nous devenus les convertis ? Et les meilleurs d'entre nous, les desservants ? Des droits de l'homme universel, dont nos idéologues libéraux estiment qu'ils ont pour corollaire les droits mondiaux de la marchandise (la liberté ne se partage pas : ce dont l'homme serait l'endroit, le marché serait l'envers).

Les « droits de l'homme » n'étaient pas une politique ? Évidemment. Ils étaient bien mieux : une religion — ce qu'il faut à n'importe quelle politique pour ne pas s'asphyxier en comptabilité. À n'importe quel gouvernement pour ne pas déprimer en conseil d'administration. Ne s'en peuvent déduire nulle diplomatie, nulle stratégie, économie, administration ? Soit. Les religions ne sont pas faites pour cela, pas plus les naturelles que les révélées. Elles relèvent le plat ; complètent l'ordonnée par l'abscisse ; donnent un ciel à notre terre — et à chacun du cœur au ventre. Elles rallument l'espérance, la lueur au bout de la nuit, pour continuer le voyage. Un solitaire, et qui entend le rester, n'en aura cure, de cette galvanisante loupiote dans le tunnel, dès lors qu'il a pris le parti d'abandonner les congénères à leurs mirages, les infortunés à leurs délirantes expectatives, à leur militante bêtise pour tirer en suisse son épingle du jeu. Option parfaitement respectable, tant au plan intellectuel que moral, mais, hélas, ou heureusement, non généralisable à l'être collectif. Les groupes ont un besoin organique d'illusions partagées : l'épicurisme et le stoïcisme sont des luxes à usage strictement individuel.

*

C'est le destin des messages, et la tragédie de la transmission (qu'étudie la médiologie), c'est la tragédie indéfiniment répétée du devenir-force des idées que d'abîmer l'idéal en idéologie. C'est aussi la providence des abîmeurs que de pouvoir s'abriter dans les plis de l'idéal pour censurer toute remise en question des pratiques. Qui refuse celles-ci avoue qu'il ne croit pas en celui-là. Critiquer les indulgences papales, c'était injurier le Christ. Critiquer le Parti, c'était trahir le prolétariat — donc rallier les deux cents familles. Critiquer le détournement humanitaire, c'est absoudre l'inhumain — donc légitimer Staline et Hitler (quels historiens se sont mieux acharnés sur les droits de l'individu que le philosophe nazi Carl Schmitt et l'idéologue stalinien Jdanov ?). Appelons cet argument classique la *parade cléricale*. Il naîtra quelque jour, après *Le Livre noir du communisme*, un « livre noir » du capitalisme industriel et colonial pour aligner les crimes dont l'Occident, depuis deux siècles, s'est rendu coupable au nom des droits de l'homme. Ces mauvaises argumentations assurent de bons effets de tribune. Cela resserre les rangs de part et d'autre.

« L'espèce comme un seul peuple. » Oui, la commune humanité fonde la possibilité d'une politique républicaine. L'idée qu'au-dessus des séparatismes, de sexe, de classe, d'ethnie, de nation ou de caste il existe une dignité d'essence indivisible permet d'espérer, et de rendre, l'histoire humaine. L'idée qu'il existe, au-dessus des lois que se donne chaque peuple souverain, une poignée de principes qu'aucune souveraineté locale ne peut, ne doit pouvoir violer est le dernier recours des persécutés. Sans cette épée de Damoclès au-dessus des despotes, comment échapper au cynisme des intérêts et des rapports de force ? Sans l'absolu des droits de l'homme et du citoyen, la multiculturelle humanité glisserait imperceptiblement du relativisme au nihilisme. Ce point est acquis et doit le rester. On peut pourtant dire oui au respect, et non à l'idolâtrie, qui l'étouffe et le compromet. C'est quand on passe de la norme qui éclaire au dogme qui aveugle — quand l'institué se retourne contre l'instituant — qu'il faut interpeller l'institution pour en ranimer la flamme, ou le principe générateur. Toute *incritiquable* qu'elle soit, et toute insupportable que soit sa remise en jeu aux yeux des honnêtes gens, la religion des droits de l'homme doit, ne peut qu'être passée par les pratiquants de bonne foi au crible de la critique. Tant pis pour leur image. L'idéal passe avant.

*

Il ne faut jamais se moquer des religions. D'abord, parce qu'on ne fonde rien sur l'ironie, et qu'il s'agit de reconstruire. Ensuite, parce qu'il en faudra toujours une, si on veut qu'un *nous* prenne corps. « L'âme d'un monde sans âme », le « point d'honneur spirituel » d'un monde sans esprit : les formules ressassées du jeune Marx avaient fini par endormir. Elles ne livrent que la moitié du programme. Marx semble s'être ici leurré, d'un leurre fatal et cher payé par ses suiveurs. La religion n'est pas qu'opium, elle est aussi vitamine. Plus exactement : ce qui finit en opium commence en vitamine. Notre religion d'État, pour l'heure, est dans sa phase énergétique. Son charisme fondateur — 1789 ou 1776, France ou Amérique, au choix — n'a que deux siècles d'âge. C'est le court intervalle qu'il a fallu au mouvement chrétien pour se baptiser *christianisme* et se définir, lui *superstitio* excentrique parmi d'autres, comme *religio* centrale et cardinale (le coup de force sémantique de Tertullien remonte au IIIe siècle). Les élans de foi, en leur prime verdeur, aspirent à régenter tous les aspects de la vie et à mettre les impies à genou. Personne ne niera le coup de jeune donné à nos populations vieillissantes, à nos cadres de gestion, par la foi humanitaire ; ne niera l'arrogance ni l'esprit de décision ; ne niera la suffisance ni le tonus ; et c'est une grande chose que de pouvoir assister, de son vivant, à l'essor d'une authentique force propulsive, qui vient à point revigorer, relancer, rebrancher une vertu d'espérance quelque peu assoupie, du moins dans le Vieux Monde où l'attente du Christ se faisait atone ou convenue. Il n'est ni gai ni aisé de jeter Dieu à la rivière. Agnostiques ou libertins, nous demeurons tous, dans nos Babylones, de culture chrétienne. Souche oblige. C'est notre calendrier, l'habitude, l'ancrage. Nous respirons, nous rythmons, nous regardons en Christ. Le fait chrétien hante nos musées, nos concerts, nos monuments, nos jubilés. Mais justement, c'est un tout fait ; le se-faisant s'est faufilé ailleurs. Qu'est-ce qu'une culture, sinon ce qui reste d'une religion quand la croyance se perd ? Une religion vivante, au rebours, c'est une culture à l'état naissant et à laquelle on croit. Le Christ sauveur est dans nos gènes, mais l'homme démocratique est notre programme. La preuve : notre Occident ne fait plus la guerre pour le Christ-Roi, mais bien pour les droits de l'homme. Culturel est le *pèlerinage*, nos personnes pérégrinent à Chartres ou à Saint-Jacques-de-Compostelle ; religieuse est l'*expédition*, nos nations coalisées entrent à

Mogadiscio, en Irak, à Pristina. La divinisation de l'homme n'aurait d'évidence pas pris essor sans l'humanisation de Dieu, hier, et le Verbe incarné reste notre socle mental. Mais ouvrons les yeux : le denier du culte, en bas, ne va plus au curé mais à l'O.N.G. Et les concordats du jour, en haut, ne départagent plus les prérogatives du pape et du roi, mais les unités militaires et des soigneurs sans frontières. O.T.A.N. et M.S.F. Les choses vont vite et un jour viendra — te souvient-il de notre extase ancienne — où la foi démocratico-humanitaire s'archivera avec les autres ; il y aura des « parcours », des pèlerinages, des pancartes le long des inforoutes ; tout cela inspirera à nos descendants — combien de temps : deux siècles ou trois ? — une familiarité un peu lasse, une énigme, que seuls quelques érudits sauront expliquer à des écoliers ahuris. « L'espoir a fui vaincu vers le ciel noir... »

Ce serait, en attendant, méconnaître les mutations du religieux dans la modernité — autant que la lointaine genèse des religions à présent labélisées —, ce serait sous-estimer l'incroyable plasticité des croyances humaines, toujours prêtes à rallier le mieux-disant, que de suspendre la définition d'un mouvement collectif à la conscience qu'il a de lui-même ou aux titres qu'il se donne. On ne fonde pas une religion comme on bâtit un pont, sur plan, au lieu dit. Auguste Comte a fort intelligemment conçu sa religion de l'Humanité, sans rien laisser au hasard, calendrier inclus, comme un ingénieur des Ponts et Chaussées, comme le mathématicien qu'il était, et elle est morte-née. En disciple de ce fou génial, j'ai assisté au cent-cinquantième anniversaire de la fondation de cette trop intelligente religion du cœur. Ce serait aujourd'hui la mienne si elle avait pris corps, comme elle aurait dû le faire (quand on suit l'argumentation sur papier), comme n'importe quel post-moderne pas complètement idiot souhaiterait encore qu'elle pût le faire, mais comme elle ne le fera jamais. Trop compliqué, trop aride. Et nous étions douze, ce soir-là, dans le temple (rue Payenne, à Paris). Douze pas même apôtres — dont trois Brésiliens, un flâneur égaré, des farfelus lettrés. Pas vraiment un succès. Le religieux, décidément, joue à qui perd gagne. Personne n'a décidé (ni Jimmy Carter ni Bernard Kouchner, ni Mère Teresa ni Rony Brauman, ni l'abbé Pierre ni Peter Benenson, l'inspirateur d'Amnesty International), un beau jour des années soixante ou soixante-dix du dernier siècle, de « lancer » une doctrine de salut. Comme on lance un parfum ou une scie pour l'été. J'imagine que chacun voulait simplement se rendre utile. Nous avons tous ce travers de croire que sacré est synonyme de surnaturel, transcendance de mystère. Et qu'il faut des dieux pour faire une religion. La plus maligne ruse du diable, dit-on, est de nous faire croire qu'il n'existe pas ; la plus belle ruse de la foi est de nous faire croire que sans chapelet, pas de fidèle. Ce n'est pas parce que le consumérisme branché se veut agnostique, baragouine un *pidgin english*, parle fric, opérations et performance qu'il échappe au destin commun. Les sociétés organisées peuvent changer de principe organisateur, non renoncer à un principe d'organisation (ce qui rend l'acte de croire universel et nécessaire). Les pères fondateurs avaient là-dessus moins d'illusions, ou plus d'humilité. Proclamés « sous les auspices de l'Être suprême », les droits de l'homme furent, en France, qualifiés dès 1789 de nouvel Évangile, créateur d'un homme régénéré, tout comme le premier du nom portait dans ses flancs l'Homme nouveau de saint Paul. N'est-ce pas respecter la grandeur des commencements que de repérer au cœur de notre catéchisme régénérateur un évangélisme relooké (comme cela se voit mieux en Grande-Bretagne) ?

« Une religion, disait Durkheim, est un système solidaire de croyances et de pratiques relatives à des choses sacrées, c'est-à-dire séparées, interdites, croyances et pratiques qui unissent dans une même communauté morale tous ceux qui y adhèrent. » Ce qui rend ces choses sacrées, aux yeux du sociologue, c'est la force des interdits qu'impose aux individus, à leur insu, la société. L'explication est courte, tautologique, mais le fait est là. On a tenté de montrer ailleurs par quel mécanisme parfaitement compréhensible et totalement indépendant de notre volonté aucune société aspirant à durer ne peut « tenir » sans se cheviller à un élément qui la dépasse ; sans se référer à une Écriture, un centre, un héros, un principe non profanable, techniquement non manipulable, tabou[1]. La Constitution est l'englobant de l'Américain, comme le Coran du musulman, la Thora du juif ; comme le sont, pour nous tous, Occidentaux, la Shoah et Auschwitz. Que ce soit le « mur des Lamentations », le tombeau de Lincoln ou de Kennedy ; la pierre noire de La Mecque ou la mosquée d'Al Quod : dans aucune civilisation — et la chinoise elle-même, société sans théologie, n'échappe pas à la règle —, le lieu du sacré ne peut longtemps rester vacant. La place de l'interdit : occupant aléatoire, occupation nécessaire[2]. Si l'on ne connaît pas de société dépourvue d'un ciment qui relie à la fois ses membres entre eux et à une valeur

1. Régis Debray, *Critique de la raison politique ou l'inconscient religieux*, Paris, Gallimard, Bibliothèque des idées, 1981.

2. Aux États-Unis, en 1990, la Cour suprême a statué que la Constitution était la chose sacrée, et non le drapeau étoilé. La Chambre des représentants a confirmé, en repoussant un projet d'amendement à la Constitution qui aurait interdit la profanation du drapeau américain. Le respect de la liberté d'expression inscrite dans la Constitution passe désormais avant le respect du drapeau (ceux qui le brûlaient étaient condamnés en justice). On a, en somme, élevé le sacré d'un cran.

reconnue par eux ; ou, si ce qu'une communauté historique sacralise, *à juste titre* (la chose morale traduisant la chose vitale, et la conservation des valeurs suprêmes, l'instinct de conservation du vivant), est cela, et seulement cela qui la fait exister comme communauté identifiable et durable, il n'est pas étonnant que l'ensemble des sociétés euro-atlantiques communie dans et par la Déclaration universelle des droits de l'homme de 1948. Bien plus que la Charte des Nations unies, formellement compatible avec tous les États du monde, cette arche sacro-sainte permet à l'Occident de s'appréhender au-dedans, et de se représenter au-dehors sous le titre imposant mais quelque peu abusif de « *la* communauté internationale » (où manquent les deux tiers de la population mondiale). Pour l'essentiel, la paix régnante, internationale et civile, nos sociétés sont assez riches, paisibles et unies pour respecter, ou du moins avoir honte de ne pas le faire, les droits imprescriptibles proclamés par ce texte. C'est un sacré qui vaut la peine. On n'a pas encore fait mieux. Puisqu'il faut aux communautés une religion (et que la planète vaut bien une messe), celle-ci apparaît, dans la panoplie des possibles, comme la plus noble ou la moins risquée. Seulement est-on en droit de lui demander de « faire les frais temporels » de sa position ; en droit de demander à cette religion un peu trop faraude qu'elle se reconnaisse humblement pour telle, avec tous les devoirs de sa charge, les obligations de sa fonction, grandeurs et misères, contraintes et dangers. Il y a un prix à payer. Une religion révélée qui s'avoue cartes sur table est déjà moins cruelle (en particulier pour les non-croyants) qu'une évidence naturelle, irréfutable et irrésistible, inscrite de toute éternité au fond des cœurs. Car c'est quand elle s'offre en axiome, évident par soi-même et pour quiconque, en toute bonne conscience, qu'une transcendance utopique peut devenir trompe-l'œil et alibi. Une religion qui ne triche pas commence par se regarder dans la glace, en pied, sans trémolos ni faux-semblants. Elle commence par se présenter pour ce qu'elle est, nature, avec ses vertus théologales, ses décrets, ses démons, et tout le saint-frusquin. Car il faut de tout pour faire un culte, que ce soit le droit-de-l'hommien, le chrétien, le communiste, l'esthète ou le scientiste : des casuistes et des mystiques, des persécuteurs et des martyrs, des tartufes et des carmélites, des saints à pauvre mine et des malins à auréole. Le noble n'excuse pas le moche, et le moche n'accuse pas le noble. C'est à prendre ou à laisser — en vrac. La révolution est un bloc, les religions aussi. Trop facile de faire le tri, prendre le pire sans le meilleur, comme l'esprit fort, ou l'inverse, comme le cagot. Le difficile, le vrai, c'est de parvenir à penser l'unité du pur et de l'impur, mieux : à la vouloir, à l'endosser, à prendre sur soi cette tension, cette douleur. Pas nouveau. Vouloir les conséquences de ce qu'on veut a toujours distingué, ici-bas, le fondateur du faiseur.

*

Les droits de l'homme ne sont pas n'importe quelle religion séculière. Ce n'est pas un *cargo cult* mélanésien, ni le shinto japonais, ni même la religion juive, celle d'Abraham, d'Isaac et Jacob. Ses adeptes ne veulent pas sauver un peuple élu, ni tel ou tel peuple pas élu ; ils veulent tous les hommes sains et saufs, et c'est leur grandeur — qui en fait l'héritier de tout ce que l'espèce a produit de mieux au long des siècles. Or, comme toujours, le poison est dans le remède. Du message nazaréen l'humanitarisme partage l'essence missionnaire, ou expansive, ou expansionniste. Seules les religions à vocation universelle entretiennent des missions outre-mer. La nôtre est la première à posséder les moyens de sa fin (téléphones-satellite, avions gros-porteurs, *pick-up* tous terrains, missiles téléguidés, couverture onusienne ; et caméras). Le bouddhisme, le christianisme, l'islamisme furent aussi des religions universelles, mais les voilà coiffés au poteau par une plus complète, une planétaire pour de bon : le colonial absolu. Les moyens à disposition permettent la première catéchèse intégrale, la première conversion générale. La World Company : un roi, une foi, une loi. Congruentes sont l'universalité des droits de l'homme, l'unification des marchés et l'intégration des réseaux. Le système des *news* est transnational, mais occidental dans sa matrice (A.P., Reuter, A.F.P.) : notre système de valeurs aussi ; et l'agora mondiale. Que les multinationales sponsorisent l'humanitaire, que les humanitaires aient le culte des médias et que les médias fassent l'hagiographie des humanitaires témoigne d'une certaine logique — circulaire — dans l'homogénéisation de l'esprit public. Ces choses, bien sûr, n'ont qu'un temps.

Il y avait eu, au XVIe siècle, le *Cujus regio, ejus religio* — à chaque prince d'Empire, à chaque cité libre sa religion. Il y eut, avec la guerre froide, le *Cujus imperium, ejus religio* : au-delà du rideau de fer, la religion de l'histoire et du travail, sous le suzerain d'Orient ; en deçà, celle du droit et du capital, sous celui d'Occident. Nous voici à l'heure d'un *Cujus terra, ejus religio* : Empire unique, religion unique. Les voies de la providence semblent assez bien balisées. Une hyperpuissance ? Un hyperculte ! Au début de Byzance, l'Espagnol Prudence, le Virgile chrétien, voyait dans l'Empire romain qui venait de mourir à l'Ouest un instrument de la providence pour préparer toutes les nations à recevoir le Christ. Ce patriote romain était un homme pieux. J'ai entendu, dans un camp de réfugiés albanais, en Macédoine, un missionnaire français faire le même raisonnement sur l'Empire américain : ses autoroutes de l'information, ses porte-avions, ses Awacs frayent partout la voie à la démocratie. *Ad augusta per angusta.* C'était un croyant, lui aussi, optimiste, mais sans œillères. De la morgue, des morts, des décombres sur la route ? Comme, disait l'archevêque de Burgos en 1936, au début d'une autre guerre de reconquête, pour le Christ-Roi : « Bénis soient les canons, si dans les brèches qu'ils ouvrent, fleurit l'Évangile. » La morale internationale en acte véhicule, elle aussi, l'éternel adage de la foi, « la fin justifie les moyens ». Gardons présent à l'esprit que le cynisme du juste a fait dans l'histoire plus de victimes que celui du Prince, qui calcule au plus près, pondère à vue, et toujours dans un clair-obscur. Ce qu'il y a de redoutable avec les croisés, c'est qu'ils s'enrôlent pour le bien, non pour un moindre mal. Car rien de ce qui sert la cause du bien ne saurait être mal. On peut donc aller au pire sans cas de conscience : jeter une bombe atomique par exemple, ou napalmer à l'aveuglette, de cinq mille mètres. Que sont quelques macchabées de plus ou de moins aujourd'hui, au regard d'une éternité de démocratie et de justice pour demain ? L'État de droit, quand il apporte le droit aux barbares, se donne par avance tous les droits. Y compris celui de dévaster l'écologie d'une région entière ou d'affamer un peuple sans images, pour la bonne cause (un million de civils seraient morts en Irak des conséquences de l'embargo). Et de mentir aux braves gens, puisqu'il est dans le vrai.

*

Comment une religion d'amour a-t-elle pu être conduite à brûler vifs ceux qui n'acceptaient pas librement sa doctrine ? Comme passe-t-on de l'Évangile à l'Inquisition ? Cette question, nombre de chrétiens, jadis, se la sont posée, dans le malaise et la réprobation, et l'Église en est sortie plus forte. Comment les promoteurs du moderne

État de droit, et les premiers concepteurs du droit naturel, au XVIIe siècle, ont-ils pu légitimer la traite et légiférer sur l'esclavage outre-mer ? Le Code noir (1685), « le texte juridique le plus monstrueux qu'aient produit les Temps modernes », assimile l'esclave à un bien meuble. Il n'a guère ému les meilleurs esprits qui au même moment élaboraient, avec Bodin et Locke, l'homme comme sujet de droit [1]. Les rares juristes qui ne se sont pas alors désintéressés de la question, au milieu de l'indifférence générale, n'ont pas desservi leur cause, celle des droits de l'homme blanc — sans nuire à l'abolition de la traite des Noirs. Comment à présent une doctrine d'émancipation et de tolérance universelle peut-elle être conduite à systématiser le pilonnage et le pilori, le missile au-dehors et l'intox au-dedans ? Comment passe-t-on du pluralisme revendiqué au monde unique imposé ?

« On attendait le Christ, et ce fut l'Église » : ainsi un historien du christianisme résuma-t-il le début du premier millénaire. Dira-t-on un jour du second : « On attendait l'Occident et ce fut l'Empire ? On attendait la Charité, et ce fut le Business ? On attendait le Droit et ce fut la Domination ? » Ces questions se lèvent déjà chez quelques-uns dans un malaise certain, et notre commune foi en sortira plus forte, un jour. Quand on verra, par exemple, un Tribunal pénal international condamner le vainqueur au même titre que le vaincu. Pour l'heure, l'alliance du super-grand et du super-vertueux est le doublé gagnant. Si ses ministres sont intouchables, et tout douteur sacrilège — cela ne peut raisonnablement s'imputer à une

1. Louis Sala-Molins, *Le Code noir ou le Calvaire de Canaan*, Paris, 1986, p. 9. Ainsi que Laënnec Hurbon, « Esclavage moderne et État de droit », in *Genèse de l'État moderne en Méditerranée*, Paris, Gallimard/Seuil, Hautes études, 1993.

omniprésence médiatique, une intimidation sociale, une hégémonie économique, une suprématie militaire. Ces facteurs jouent, bien sûr. Mais ils n'auraient pas emporté la partie (intérieure) sans quelque chose de plus, enfoui dans tous les cœurs : l'increvable, le vivifiant sentiment de révolte contre l'injustice, fouetté, réveillé par les réseaux techniques de la téléprésence. La compassion humanitaire, comme toutes ses consœurs, est « dérivatif résigné à l'injustice du monde profane mais aussi protestation contre cette injustice ». Et mieux vaut un fantôme de justice, un feu follet capricieux courant aux quatre coins, d'un scoop à l'autre, sans programme ni suivi, qu'une injustice acceptée, morne et sans rêves. Il faut commencer par lui rendre les armes — ces armes-là — si l'on veut, un jour, s'expliquer avec cette immense et généreuse illusion.

*

On ne le fera pas ici. L'affaire exige du temps. Les philosophes ne sont pas mal placés, puisque ce catéchisme est né de la philosophie, en deçà même des Lumières [1]. Il faudrait commencer par distinguer entre les doctrines américaine et française. Les deux ne définissent pas semblablement le titulaire de ces droits fondamentaux. Pour la première, les hommes ont été « doués par le Créateur de certains droits inaliénables ». Prémisses théologiques de la Déclaration d'indépendance américaine. Pour la seconde, les hommes ont de tels droits parce que ce sont des citoyens, c'est pourquoi il incombe aux « représentants du peuple, constitués en Assemblée nationale » de les

1. Voir en particulier Blandine Kriegel, *Philosophie de la République,* Paris, P.U.F., 1997.

« reconnaître et déclarer ». Prémisses politiques de la Déclaration de 89. Ces droits-là sont inséparables des devoirs du citoyen envers sa Cité, et de la loi qui en énonce les volontés [1]. Il faudrait distinguer entre droit naturel et droit positif ; entre lois et principes ; entre droits subjectifs (les droits de...) et droits sociaux (les droits à...). N'entrons pas dans ces débats. Bornons-nous ici à observer que la doctrine du consensus repose sur la vision américaine, qui donne à ces droits un statut *anté-politique*, transformé par la vulgate en un dogme *anti-politique*. Les droits humains dont il est partout question ne sont pas assumés et assurés par une instance politique, la *loi*, comme acte premier d'une souveraineté populaire. Au contraire, moins il y aura d'État et de souveraineté, mieux ces droits seront assurés. C'est la version « libérale » qui l'a emporté sur la version « étatiste ». Locke sur Rousseau. Normal. Les rapports d'idées sont des rapports de forces.

De là découlent quelques inconvénients dont le plus sérieux est l'hypocrisie. Si le premier des droits de l'homme est d'être citoyen, et donc de pouvoir appartenir à une communauté politique susceptible de lui garantir l'exercice concret de ces droits abstraits, le dogme en vigueur tourne le dos à cette nécessité circonstanciée. S'il accompagne fort bien la globalisation sans frein ni règle, il apparaît comme une étape de plus dans le processus de dépolitisation des esprits. Pas étonnant qu'une guerre humanitaire se veuille apolitique, comme l'est une descente de police. Elle s'expose dès lors à une guerre sans fin. On ne négocie pas un armistice ou un traité de paix avec un criminel. On le coffre. Et sinon ? On continue. Il est peut-être bon, au plan

1. Voir, de Jean-François Kervégan, « Les droits de l'homme », in *Notions de philosophie*, sous la direction de Denis Kambouchner, Paris, Gallimard, Folio Essais, 1995.

des valeurs, de criminaliser la guerre, mais ce n'est pas toujours le meilleur moyen de ramener la paix dans l'immédiat, ni de diminuer, à plus long terme, les risques de guerre.

*

« L'universalité abstraite des droits de l'homme, note Robert Redeker, arrache chaque homme des sociétés sur lesquelles l'humanitaire intervient, à son contexte culturel pour l'exhiber téléspectaculairement en victime déréalisée [1]. » Cette mise en isolement de l'individu, qui évacue le citoyen de l'homme, le réduit à un sac de peau, neutralisé, hors histoire et hors géographie, sans mémoire, sans inscription — on comprend qu'elle puisse être imposée par l'extrémité de la détresse, où il s'agit dare-dare de sauver des vies et des corps. Faire de ce pis-aller la base émotionnelle d'une lecture des événements, c'est s'exposer à marquer des buts contre son camp. Une religion politique qui dépolitise tout ce qu'elle touche recrée incessamment ce contre quoi elle s'insurge. La montée de l'humanitaire ne s'est-elle pas accompagnée d'une baisse de moitié de l'aide publique au développement ? Comme si la faim, la pénurie n'étaient pas les premiers facteurs de la violation des droits. Tendant à abattre tout ce qui peut protéger les personnes contre l'exploitation et la tyrannie, la dérégulation généralisée provoque le chaos, pour le soigner ensuite. Comment « rendre l'Afrique à la liberté du marché » sans provoquer un déchaînement incontrôlable des factions ? Comme si l'anarchie des milices et des soudards ne sanctionnait pas le démantèlement, organisé ou précipité du dehors, des États nationaux ou multinationaux,

1. « Inhumain humanitaire », *L'Homme et la société*, n° 129, 1998/3.

fédéraux ou centralisés (ainsi que le rappelait Alain Badiou à propos de l'ex-Yougoslavie).

Un sentimentalisme hautement sélectif en guise de stratégie entérine et entretient ce dont nous souffrons le plus, la *perte du sens historique*. Ce contre-emploi fait un contretemps. C'est au moment précis où l'histoire se remet en marche, où la vieille géopolitique reprend ses droits sur l'idéologie qu'un moralisme myope rend l'Occidental aux bonnes intentions aveugle à l'histoire et à la géographie. C'est quand il faudrait plus que jamais ouvrir son atlas, regarder la carte et les chronologies de la terre, travailler au plus fin, au poil près, que nous sont tombés du ciel sur le paletot deux monolithes sans mémoire ni projet : le Bien et le Mal. Soit les deux formes de la bonne conscience dans lesquelles la foi humanitaire engouffre les situations et les conduites. Cela s'appelle : courir à la catastrophe (politique) pour échapper à la catastrophe (humanitaire) ; sacrifier le moyen terme au très court ; et attiser la violence quand on voulait l'éteindre. Morale de l'urgence, ou programme de Gribouille ?

Inhumaine attraction du pur présent (« faire quelque chose », peu importe quoi et comment, et après on oublie tout). Comme si le lien humain n'était pas autant continuité que solidarité ; comme si avoir une mémoire n'était pas ce qui nous distinguait de l'animal ; comme si on pouvait arracher l'individu à son passé sans le rendre *ipso facto* à son clan, à son ethnie, à sa race — pour qu'il aille chercher dans un territoire la fierté qu'il ne trouve plus dans son histoire.

Inhumaine présomption de l'universel, qui se refuse à voir que c'est toujours un particulier, État ou Alliance, qui fait la police, pour des raisons qui lui sont particulières. Comme si la question de savoir, en telle ou telle conjoncture, qui se sert de qui — la puissance de l'humanitaire, ou l'humanitaire de la puissance — ne relevait pas aussi, et d'abord, d'une responsabilité morale.

Inhumaine éthique de conviction sans responsabilité, qui ne voit pas (ou ne veut pas voir) que l'éthique se tient justement dans l'interstice, dans l'intervalle séparant l'intention du résultat, dans la pesée et soupesée de tout ce qui fait qu'une intervention recommandée chez un petit ne le soit plus chez un grand, et qu'une « guerre morale » puisse déboucher dans une province « libérée » sur un ordre immoral.

La banderole « Droits de l'homme », que brandissent à juste titre, dans les pays démunis et dictatoriaux, les victimes et les faibles, deviendra-t-elle un jour, chez les nantis, le drapeau, la raison du plus fort ?

VIII

Y a-t-il encore un réel ?

Chimères que tout cela ? Le professionnel ne connaît qu'une religion, la religion du fait. Il le croit et il faut le croire. Il a raison. Il ne se ment pas. Il peut, et pourra de mieux en mieux, croire, et nous faire croire, de bonne foi, ce qu'il croit bon pour nous de croire. Quel démenti possible ? Épreuve ? Pierre de touche ? La presse dite « internationale », quels que soient les scrupules des responsables, « fait la totale » : l'enquête et le verdict, le décompte des fautes et la pesée des âmes. Elle est la source et l'embouchure, terre et ciels mêlés.

*

« Lorsque je rentre dans mon laboratoire, disait Pasteur, catholique pratiquant, je laisse ma foi au vestiaire. » « Lorsque je feuillette à mon bureau les dépêches d'agence, je laisse mes convictions dans le vestibule », rétorquera en écho le rédac chef. Pas besoin d'être un saint laïque, un héros de la science, pour savoir distinguer sa gauche de sa droite : le fait et le commentaire ; le reportage et le point de vue ; l'article objectif et l'édito subjectif. C'est l'A.B.C. du métier. Le cours d'octobre à l'École de Lille. Professionnel est celui pour qui les règles et les exigences de la profession transcendent les croyances et les attaches personnelles. C'est entendu. Reste que la profession ne peut transcender le milieu humain dont elle provient et auquel elle s'adresse. C'est le handicap du pasteur contemporain sur le grand Pasteur. Le plus pro des pros ne peut rien contre cette insurmontable poisse, qui est le prix à payer pour la joie d'influer, de peser et de compter : il a d'abord rapport avec des gens, alors que le savant a d'abord rapport avec des choses. Le virus de la rage est le même à Paris, à Athènes et à Pékin ; mais non le départage *hic et nunc* du bien et du mal. Il peut y avoir une entente des chercheurs en biologie moléculaire de toutes croyances et nationalités sur telle ou telle combinaison génétique. Il n'y aura pas d'entente entre un journaliste français, un grec et un chinois sur la combinaison de causes et d'effets qui se noue dans telle ou telle crise internationale et ce qu'il conviendra de déployer en drapeau sur cinq « col ». De cet embarras épistémologique quoique on ne peut plus pratique, le journalisme n'est pas responsable. Mais l'indépassable hiatus entre le monde des choses et le monde des hommes. Un exemple d'actualité ? Les Académies des sciences des diverses Républiques de l'ex-Yougoslavie ont naguère voulu se réunir en séminaire, après l'éclatement de la Fédération, dans un lieu neutre, à Salzbourg, pour montrer à leurs peuple et gouvernement respectifs que des chercheurs de bord opposé — en sciences « dures », exactes et naturelles — pouvaient encore se rencontrer en toute sérénité, sur plusieurs jours. La passion politique a submergé le détachement scientifique. Comme partout lorsque la température monte, à Paris, à Londres ou ailleurs. Le conclave a tourné court en un clin d'œil : entre Cosinus serbes, croates, slovènes, bosniaques-musulmans, on en était venu aux insultes, sinon aux mains.

La suspension du grégaire — disons : la mise en suspens du culturel — qu'on ne peut espérer des chimistes, des mathématiciens ou des biologistes, il serait bien sot de l'exiger des publicistes, reporters et chroniqueurs. Il ne serait peut-être pas idiot, en revanche, de leur demander : « Pourquoi, vous qui êtes dans la mêlée, au premier rang et, au pas de charge, aspirer à la position de surplomb ? Salomon n'est pas soldat. Les intellos se prennent pour le nombril du monde ; vous vous êtes dépris du vôtre pour vous oublier, vous donner aux choses et aux gens ; c'est déjà admirable ; n'exigez pas en sus qu'on vous regarde comme le miroir du monde ; seul le niais fait le reflet qui ne réfléchit pas. Cette dépersonnalisation affichée serait de votre part un suprême tour de narcissisme. Assumez votre ego, et votre histoire, car votre ego-histoire déteindra fatalement sur celle que vous nous racontez. Que pèse l'"éthique de l'information" face à la situation concrète d'un homme ? À l'incarnation des consciences et aux contraintes du métier ? L'affichette dans le couloir est là pour flatter le point d'honneur. J'ai également, comme professeur, ma déontologie portative et elle est aussi valorisante pour le service que la vôtre pour votre réputation. Raison de plus pour s'en méfier. Les faits d'abord, n'est-ce pas ? Cela tombe bien. Ils s'imposent à tous. Quel meilleur moyen de fidéliser toutes les chapelles — en plus de tous les clients qui estiment n'appartenir à aucune (mais qui rempliraient à eux seuls une cathédrale) ? Nos idéaux, le vôtre et le mien, se portent encore mieux quand ils sont conformes à nos intérêts. On voit partout sur vos frontons, en lettres d'or, les "Droits de l'Homme" (libéralement amputés du citoyen). Au premier rang de ces droits, n'y a-t-il pas la liberté de la presse, d'opinion et d'information ? C'est justement votre gagne-pain. Heureuse coïncidence. En accréditant ces libertés fondamentales, vous êtes sûrs de ne pas vous discréditer. Que ce double jeu, qui est banal (et vous pourriez rendre la pareille à vos ennemis intimes, les pions et les profs), ne vous empêche pas de placer la valorisation en Bourse de vos titres, avec le supermarché informatique de l'info, *après* le respect des grandes valeurs dont nous nous réclamons tous. Car le malheur — la malheureuse nature humaine — veut que nous soyons encore plus dupes que vous de votre illusion professionnelle. Nous y croyons dur comme fer à la "réalité" de ce que vous rapportez. Découragez-nous. Dites-nous, à nous qui croyons que vous savez, "nous savons que nous croyons". Votre naïveté nous porte infiniment moins tort que la nôtre. La vôtre ne tiendrait pas une minute sans notre crédulité, notre communicative candeur. Mettez-nous, s'il vous plaît, hors d'état de nuire. Désillusionnez-nous ».

*

Nous avons tous ânonné la célèbre formule de Hegel : « La lecture du journal est la prière du matin de l'homme moderne » — en nous gardant bien de lui ouvrir le ventre pour de bon. C'est quoi, une prière ? Un acte de foi. C'est l'acte par lequel un fidèle s'adresse à son Dieu, pour le louer, pour le remercier ou pour le solliciter. En quoi un liseur, un téléspectateur fidélisé a-t-il foi ? Il a confiance (ou il fait le pari, pascalien) que la réalité mentionnée, commentée ou filmée correspond bien à ce qui lui en est dit ou montré. Il postule une conformité entre le fait et la trace, entre la chose qui ne lui tombe pas sous le sens et la représentation qui lui tombe sous le nez. C'est une confiance spontanée, irrépressible, émouvante. Ce que j'ai sous les yeux, c'est plus que des traits noirs sur fond blanc, de taille inégale, ce sont des événements, des souffrances, des catastrophes, des assassinats ; c'est ce qui s'est réellement passé ces dernières vingt-quatre heures, un peu partout, que je n'ai ni vu ni entendu, mais dont l'essentiel, le plus important, le prioritaire, m'est quintessenciellement restitué par ma feuille, par mon émission préférée. Je communie dans cette présomption avec des milliers d'autres lecteurs, des millions d'auditeurs et de téléspectateurs, et le fait que nous soyons une multitude, au même moment, ne contribue pas peu à ce naturel *effet de réalité*. Le monde, c'est ce à quoi plusieurs regards peuvent renvoyer simultanément, le référent commun. Sur cette certitude inconsciente, implicite, se fonde mon action de grâces. Je remercie en silence l'écrit et l'image de me rendre ce service : me confier le monde, me rendre de façon fiable à la fois au monde et à l'humanité. Je devrais dire, pour être rigoureux, à *mon* monde et à *mon* milieu, mais si j'avais cette rigueur, de ne parler que pour moi et pour les miens, je ne serais plus un bon fidèle fidélisé. Or tout vivant a besoin de croire en quelque chose ; le vivant contemporain croit en l'information, et en son théâtre ; et pour qu'il y croie, il doit avoir foi que d'autres, dans la pièce, le quartier, le pays adhèrent en même temps aux signes de cette réalité, ceux que fabriquent les médias sans dire qu'ils les fabriquent.

Une prière est un donnant donnant. Je te donne ma confiance, tu me donnes en échange ton honorabilité et donc ma reconnaissance sociale. Des « nouvelles dignes de foi » qui me sont dévoilées, notifiées par toi, ô ma gazette, ma télé, j'attends la possibilité pour moi d'une conduite plus gratifiante. Mieux adaptée aux circonstances, plus convenable, moins gaffeuse ou à contre-courant. Même si cela ne figure pas en clair dans le contrat de lecture, ou de vision, j'attends du pieux exercice ce bon point, tout à mon avantage. Je ne suis pas pure curiosité intellectuelle. Je veux faire partie du club, par la bande (on peut avoir du plaisir à prier mais personne ne fait une prière pour son plaisir). Qui jeûne s'isole et le méchant n'a point d'amis.

Apostille triviale (qui n'eût point déplu à Hegel) : le progrès des postures. Dans l'Antiquité, les chrétiens, comme les juifs et les païens, priaient *debout*, les mains ouvertes et les bras tendus vers le ciel. Au milieu du Moyen Âge, on s'est mis à prier *à genoux*, les mains jointes, dans l'attitude soumise du vassal face au seigneur. Depuis un bon siècle, nous prions *assis*, et en silence, sur un fauteuil ou un canapé. L'acte de foi est de plus en plus confortable, ou plaisant. Il me suffira bientôt d'un mini-écran au poignet, consultable dans le métro ou en voiture. Il nous en coûte de moins en moins pour nous intégrer à la communauté. Le prix du ticket ne cesse de baisser (selon la loi du moindre effort physique qui ne cesse de stimuler le progrès technique : la télé était déjà une prière plus douillette que le canard, et celui-ci que l'*in-octavo*).

*

La communication moderne est à l'événement ce que le tour-operator est à l'aventure : elle offre du réel organisé comme l'autre du voyage. Le quadrillage des *news* satisfait notre soif de nouveau sans nous sortir de nos gonds. Les médias gros-porteurs préservent notre cocon tout en nous transportant d'un inattendu à l'autre. Nous voilà touristes de l'actualité. On voit de l'étranger, mais on ne rencontre personne. On lorgne de l'exotique sans changer de lunettes. C'était si fatigant de se dépayser. Et risqué. Le gros titre, ou les plaisirs du voyage en groupe sans les inconvénients. Le tourisme est devenu la première industrie du monde. L'info aussi. Entre ces deux productions d'habitudes, ces deux *stabilisateurs* de l'instable, espace et temps, il y a communauté d'intérêts. L'extension des loisirs donne de quoi faire.

Les mises au carreau du déroutant sont plaisantes, l'une et l'autre, parce qu'elles économisent l'effort de comprendre. Jusqu'au jour où prendre la tangente, voyager dans l'actualité en individuel et n'en voir qu'à sa tête devient répréhensible.

Cette métaphore nous fait-elle changer de registre ? Pas vraiment. Le propre d'un pouvoir spirituel, et peut-être le plus profond secret de sa mainmise, est de *sécuriser* l'espace et plus encore le temps des humains : assurer nos rythmes de vie et distribuer les points cardinaux. Pas de panique. C'est en domestiquant l'impondérable et l'imprévu qu'il nous domestique et nous habitue.

*

Les doux progrès de l'intégration (se dé-journaliser, c'est se dé-socialiser) ne contribuent pas peu au quiproquo. Le médium s'efface de mieux en mieux de notre esprit ; il s'auto-rature ; on ne le sent plus. La religion médiatique n'est pas une religion des médias, mais la religion du réel socialisé par les médias dont le succès repose précisément sur ceci que le médium s'esquive dans sa performance même. Aussi nous est-il toujours plus facile de sauter la médiation du signe, et de son arbitraire, pour aller droit au « fait » (étant de plus en plus pressés). Nous n'avons pas le culte du journal, de la radio ou de la télé (et leur débine, tout à fait autorisée, ne gêne nullement le pratiquant) ; nous sommes, lecteurs, auditeurs, téléspectateurs, comme les journalistes eux-mêmes : seules les nouvelles nous captivent, les choses qui arrivent, et non les moyens par lesquels elles nous arrivent. Si nous prêtions plus d'attention au *comment*, sans doute serions-nous mieux armés pour ne pas confondre la chose au loin et sa transposition à domicile, en pixels ou caractères. Nous distinguerions mieux entre le nouveau et la nouvelle, dont l'indistinction alimente notre ravageuse crédulité — à moins que ce ne soit l'inverse.

Notre culte du « fait » est de type idolâtre. Il faudrait dire, au vrai (avec Bruno Latour) non pas « fait », mais « faitiche ». Et nous sommes, dans notre boulimie de « faits vrais », petits et grands, des idolâtres contagieux. Le glouton optique, la papivore a le premier prix du fétichisme (sans quoi notre croyance s'écoule). De même que l'animiste des savanes est convaincu que la divinité habite en personne sa statuette de bois, l'agnostique des métropoles est convaincu que la réalité s'est déposée telle quelle sur sa page ou son écran, que l'événement colle à son double. Il n'appréhende pas son journal, imprimé ou télévisé, comme un artefact parmi d'autres, une prouesse, un miracle d'ingéniosité, le résultat d'un usinage hasardeux, compliqué, hâtif, improvisé (et à ce titre, valeureux, infiniment méritoire), mais l'émanation fantastiquement naturelle des choses elles-mêmes. *News of the world* : la buée du monde déposée sous nos yeux, sur un rectangle de papier ou de verre, frais et luminescent. L'idolâtrie, ce n'est qu'un quiproquo consistant à prendre le cuit pour le cru. Quand nous « avalons » les nouvelles, nous prenons un surgelé pour un produit de la ferme, et nous oublions en nous régalant toute la chaîne du froid (de la centrale nucléaire à mon réfrigérateur, de la centrale A.F.P. à ma *cover*). L'escamotage est inéluctable, et même impératif : si je réfléchis, à chaque bouchée, à l'immense complexe technique qu'il a fallu pour déposer dans mon assiette une tranche de cabillaud aux câpres, j'en perdrais l'appétit. Et le fidèle d'une chaîne ou d'un journal sait bien, ou plutôt serait parfaitement capable de répondre, si on le lui demandait, et qu'il prenait le temps de la réponse, que oui, tout cela (ces titres, cette mise en page, cette sélection) ne tombe pas du ciel, qu'il y a du travail là-derrière, et des intérêts et des *a priori*, et des distractions, bref, que ce n'est pas si simple. Mais il faut faire vite, manger, s'informer, *primum vivere deinde philosophari*. Nourrissons-nous d'abord, on verra ensuite.

Ce quiproquo si agréable sur le moment ne va pas sans désagréments, à effet retardé. Ce n'est jamais sans conséquence qu'on prend un *relatif* pour un *absolu* — bénin, léger malentendu, si l'on veut, mais commun au totalitaire, à l'intégriste ou au fanatique. Et le dérapage commence dès l'instant où le produit se voit par nous fétichisé, absolutisé, coupé de sa chaîne de production, mentale et machinale. Dès lors que nous prenons une réalité relative (à ceux qui ont décidé, pour des raisons qui leur sont propres et auxquelles je ne pense pas, d'en faire un gros titre) pour une réalité existant en et par elle-même ; définitive et faisant loi. L'autorité médiatique repose tout entière sur ce subterfuge plus ou moins incoercible et quasiment ensorcelé — dont nous, le public, portons collectivement la responsabilité. Terme malheureux par ce qu'il contient de « moraline ». Cette idolâtrie spontanée relève d'une structure mentale, non d'un code de bonne conduite. Question de psychologie sociale, non de déontologie journalistique et encore moins de mérite ou de démérite personnel. Reste ce danger, virtuel : que l'opinion devenue intégrale — moulant l'intégralité des valeurs et des réalités — fasse un jour de notre démocratie grasse et mécréante, bizarrement et contre toute attente, une sorte assez désarmante d'intégrisme. L'intolérance, stade final de la tolérance ?

*

La solution de rêve : une information pure de toute connotation, mate et froide, candidement dénotative : ceci, puis cela, et encore cela. Qui servirait à notre instruction, non à notre éducation. Or, qu'il soit impossible de clairement séparer l'histoire de sa morale reste le meilleur argument en faveur de la « prière réaliste ». Qui veut connaître le fait doit consommer la fable ? Qui en a assez du mythe sera privé de réel. Se désabonner, se désintoxiquer, présente bien des avantages, mais aussi l'inconvénient de ne plus savoir qui est mort (la nécrologie est sans doute la seule partie indispensable d'un journal), qui a été nommé à quoi, qui va en prison (sinon qui en sort), qui a sorti un livre, un film, une collection d'été géniale, quels dégâts a causé la tempête dans quel parc voisin, etc. Sans ce viatique, ce *vade-mecum* des nouvelles du quartier, chacun, dans son village, se sent perdu. Et l'est. *Mutatis mutandis*, la double nature du journalisme, qui informe et enferme à la fois, se trouvait déjà dans l'enseignement religieux. Les bons pères enseignaient à la fois les mathématiques et le péché originel, le respect de la grammaire et la mortification de la chair. Impossible d'avoir l'instruction (de l'intelligence) sans l'éducation (de l'âme). Ici, chaque fait nous est livré avec son appréciation, signifiée d'abord par son emplacement. Un titre est un jugement de valeur ; un « conducteur », une hiérarchie ; une mise en pages, un plan de table. Il en faut bien. Comment faire sans ? D'où les bienfaits, jadis, du pluralisme. Chaque mouvance ou boutique exhibait la titraille maison, sa propre vision du monde, et le kiosque du coin, édicule multiconfessionnel, en étalant les chapelles concurrentes, les relativisait, les donnait à voir pour ce qu'elles étaient : petits délires collectifs, mais localisés, claniques, pittoresques somme toute.

Toutes ces assurances contradictoires affichées côte à côte invitaient le flâneur, égaré dans une maison de la presse, à un certain quant-à-soi, une modestie obligée. Il y en avait donc d'autres (qui ne voient pas le monde comme nous). Il y avait de l'Autre. L'effacement des frontières entre confessions et situations dans le consensus de la richesse débouche sur une représentation collective non plus militante mais triomphante, bonne conscience replète et somnambulique. Hors de l'Église, point de salut, et à lentille unique (sur montures multiples), réalité unique. C'est la première fois, dans l'histoire des emprises intellectuelles et morales, qu'une technique permet d'habiller l'incantation en information et le point de foi en point de fait. D'administrer d'un même geste une croyance et son objet, de faufiler un faire-croire dans un faire-savoir et, mieux encore, avec l'écran, dans un faire-voir. Voilà qui est *sidérant*, à couper le souffle, et le sifflet.

En vidéosphère, produire un effet d'opinion irréversible revient, d'emblée, à produire un effet de sidération. Saint Thomas, le scolastique, définissait au temps des premières croisades la croyance comme *le savoir de l'invisible*, ou l'argument de ce qui n'est pas évident (donc un savoir moyen, intermédiaire entre la *scientia* et l'*opinio*, laquelle peut comporter un doute). Tous les philosophes qui ont sondé les mystères du croire ont commencé par reconnaître qu'il y a différents degrés de croyance. En alignant le réel sur le visible, et le fiable sur le vu, la vidéosphère bouscule ces distinguos millénaires. Elle écrase toute la gamme de l'adhésion sur l'image choc, l'irrécusable enregistrement photographique. C'est Thomas, l'autre, celui du doigt dans la plaie, qui a gagné. Le journaliste, historien du présent ? Mais l'histoire est tout entière une critique du témoignage, un recul pris sur le présent, et le journaliste, faute de recul, est bien forcé de croire ses témoins. Et s'il n'y croit qu'à moitié, nous y croyons d'instinct, nous, comme nous croyons à l'image. La vidéo-histoire est une histoire à l'estomac. Génocide, disons-nous. Le mot vous paraît fort ? Vous doutez ? Du moins en croirez-vous vos yeux : nous vous collons à l'écran un, deux, trois « charniers » ; des cadavres, des crânes, des chaussures d'enfants. De quelle nationalité ? Tués quand, où, par qui, suite à quoi ? Qui osera ergoter face à l'insoutenable ? Nausée. Abjection. Tristesse. Ce qui pourrait ouvrir un débat nécessaire le clôt comme superflu, voire immonde (négationniste). Au suivant.

*

L'ex-clerc avait mis Dieu dans son jeu. Le successeur fait mieux : il a mis la réalité dans sa poche — et sous nos yeux. L'ancien nous parlait d'un être omnipotent et transcendant qui seul avait pouvoir de création ontologique. Prométhéen, le nouveau a volé à Dieu son principal attribut. Il n'est plus au service de la divinité, il s'est divinisé lui-même. Il existait déjà, pour une rédaction, mille façons d'orienter sans se dévoiler. De détruire sans y toucher. L'épinglage (la petite phrase sortie de son contexte). Le montage (le gros rapport aux extraits bien choisis). La mise en pages, ou l'annulation par vis-à-vis (deux événements, phrases ou gestes de sens et bord opposés, sur l'échiquier politique, par exemple, rapprochés, se disqualifient l'un l'autre). Le titre dévastateur sur une dépêche anodine. Le choix du pigiste idoine (selon qu'on s'adresse à l'ami ou à l'ennemi). Les trucs du métier, qu'on apprend à détecter, à force. Mais demain, la déesse image pourra se jouer des mortels sans préavis ni signal. Les technologies numériques, qui permettent de créer des images d'objet sans objet (ni lentille ni lumière), de sortir un monde de notre esprit, en couleur et en relief, *via* un algorithme, vont bientôt parfaire les panoplies divines (comme on dit le crime, ou l'accord, *parfait*). Le sommet professionnel du réalisme coïncidera alors avec un maximum de vertus dogmatiques. Avant, une rédaction ordonnait l'actualité à son état d'esprit, et si on ne pouvait aisément lui faire pièce, les pré-jugements qui informaient l'information pouvaient se déceler, de loin, avec un œil un peu exercé. Demain, le téléspectateur, l'amateur de photo peineront à distinguer l'enregistré de l'inventé, le brut du retouché, le « vrai » du « faux » document. L'idéologie d'une époque se définit par cela que cette époque choisit de tenir pour réel. L'idéocrate à la souris, au *joystick*, à la *paint-box* choisira pour nous. Sans image, pas d'événement ? Le démiurge des techno-images nous construira un réel moralement corrigé, en tirant de son chapeau-ordinateur des témoignages conformes. En découpant dans le bruit de fond (les milliers de dépêches d'agences, d'images de Vis-news) l'événement qu'il lui et nous convient de tenir pour réel. Par un travail en amont, sur le matériau à sa source. Quand l'adage idéaliste *esse est percipi* (être, c'est être perçu) devient le réalisme même, qui maîtrise nos perceptions, maîtrise nos actions. Le faire-croire introduit au faire-faire. Un allumé consensuel et bien placé, en régie, aura la capacité de rendre ses hallucinations évidentes, motrices, et de prouver le mouvement en nous faisant marcher. Quand ce jour arrivera, le médian médiateur aura rejoint son concept, devenant pleinement ce qu'il est déjà en pointillé : l'exploit et le scellé, la bouche et le bâillon, le monde et le tribunal du monde en un seul surhomme confondus.

*

Rien ne sert d'ergoter, seul compte le mot de la fin, toujours parler le dernier. Pour extraire le réel des mots, le grain de la paille. C'est bien pourquoi, comme disait Proudhon, « la synthèse est toujours gouvernementale ». Au ministre de conclure les débats ? C'était le vieux monde. Le gouvernemental a quitté le gouvernement, la synthèse changé de bord. Peu importent le livre, l'expo, le colloque, le concert ou la pièce. La brève, le flash, deux secondes, l'entrefilet du lendemain feront la synthèse à la place des acteurs, et roulez rotatives. La chose elle-même ? Poussière retournant à la poussière.

Encore poli. Un jour, qui sait, le réfractaire ne sera plus un minus, un croûton misanthrope et ressentimental qu'un échotier ignare peut fusiller en deux lignes, mais bel et bien un fou tout court, à enfermer sans phrases, comme n'importe quel dangereux incapable de reconnaître *la* réalité.

IX
Adieu, laïcité…

« Partout où l'intolérance théologique est admise, observait Jean-Jacques Rousseau, il est impossible qu'elle n'ait pas quelque effet civil ; et sitôt qu'elle en a, le souverain n'est plus souverain, même au temporel ; les prêtres sont les vrais maîtres ; les rois ne sont que leurs officiers [1]. » Le ministre des hauteurs préfère qu'on file doux. C'est la règle. Immémoriale. Le nouveau, c'est la remontrance par en bas ; et que la prise à partie du déviant puisse se faire en toute neutralité et objectivité. Qui décide du « conducteur » ou des « une » a le choix du délit, de sa qualification, des conséquences et du moment. Le prêtre façonne le matériau même sur lequel va travailler l'officier : la crise, l'affaire, le scandale. Le monopole de la violence légitime reste à l'État, certes. Mais la presse a le monopole de l'événement ; autant dire du sentiment ; car tout événement effectif nous advient enveloppé d'affects, enchanté d'émotions et de fantômes. Les manchettes charrient des tréfonds archaïques, remuent l'inconscient collectif. « Homère est nouveau, ce matin, notait déjà Péguy, et rien n'est peut-être aussi vieux que le journal d'aujourd'hui. » La grande presse a, dès ses débuts, à la criée, sur les trottoirs, vendu des

1. *Contrat social*, livre IV, chap. VIII (« De la religion civile »).

archétypes avec des crimes et des révélations. De même qu'à l'ère du cinéma une star n'était plus une comédienne de théâtre en plus grand, mais une demi-déesse (et Greta Garbo, non pas une Sarah Bernhardt de celluloïd, mais une nouvelle Aphrodite), à l'ère électronique, un ostrogoth d'extrême droite n'est plus un m'as-tu-vu ou un gangster chanceux, mais un nouveau Hitler qui va fondre demain à l'aube sur nos libertés, égorger nos femmes et nos enfants. Chaque chose arrive à notre connaissance agrandie par son mythe, nos désirs, nos terreurs — et nos souvenirs. Le fait et le fantasme font bloc.

Le souverain a une sainte frousse. On peut le comprendre. Il a toujours eu peur du spirituel. Même quand il n'en était pas directement tributaire. Dans émotion, il y a émeute. « L'hostilité de trois journaux est plus à redouter que mille baïonnettes », disait déjà Napoléon, qui ne passe pas pour un froussard et avait pris ses précautions. De Gaulle lui-même, la plus formidable puissance symbolique incarnée par un monarque républicain, n'y a pas résisté. Il ne trouva son salut, face à l'hostilité de ces trois journaux, que dans une télé mise en coupe. Ce qui n'empêcha pas M. Beuve-Méry (qui lui préférait M. Jean Lecanuet, on peut comprendre pourquoi) d'obtenir *in fine*, par société civile interposée, sa démission. L'onction populaire a remplacé le saint chrême, mais abandonné hier de Dieu, à présent de la presse, il ne reste plus au représentant de ce qu'on appelle encore, par décalage, *le* Pouvoir, fût-il légitime et légal, qu'à déprimer, démissionner et se tuer (comme récemment, en France, un ancien Premier ministre).

On peut ou non croire en Dieu, mais comment ne pas croire en la réalité ? Le temporel contemporain est investi de l'intérieur par le spirituel. Il ne peut plus diviser pour régner, jouer tel credo contre tel autre. Le spirituel et le réel sont devenus la même chose. Comment concevoir un dédoublement de juridiction ? Un gouvernement démocratique tient sa légitimité du suffrage populaire. Mais comment se forme le suffrage, sinon à partir d'une opinion ? Et comment se forme une opinion, sinon à partir de la réalité telle que le public peut l'appréhender ? Et qui est le ministre de cette réalité ? L'élu a l'opinion pour religion, et pour cause s'il en dépend. Mais ce n'est pas lui qui administre les sacrements. En sorte qu'il finit en ministre délégué — comme l'attaché parlementaire, ou le préposé à l'exécutif du Sacré Collège.

Que peut-il faire, cet impotent, sinon contre blocus bon cœur ? Que peut-il, sinon rallier la puissance qu'il ne peut plus déloger mais qui peut le déloger, lui, à la moindre crise (non comme Grégoire VII a déposé l'Empereur, mais le *Washington Post* le chef du monde libre) ? Sinon tenter d'influencer en retour l'influent, un ouvrage de Pénélope, l'apprivoiser un soir, passer le matin entre les gouttes ? Pour la galerie, il affiche l'indifférence (« moi, les sondages, je m'en moque » ; « les chiens aboient, la caravane passe »). Il feint la distance — pour sauver la face. C'est pitié, derrière la tapisserie, de voir un brave président se jeter sur les gazettes matin et soir pour subodorer s'il a encore l'investiture ; éplucher les entrefilets ; gloser à part lui telle ou telle formule ambiguë. Comment l'opinion aura-t-elle reçu son dernier message ? C'est pitié de voir les ministres embouteiller les standards, harceler les secrétaires, rendre la vie impossible aux directeurs de journaux et de chaînes pour décrocher l'interview, le compte rendu, la « une » du lendemain. Chacun d'eux vaque à ses occupations dans la hantise d'une semonce, d'un *verbatim*, d'un titre railleur. La hantise de la mauvaise image. Mieux valant prévenir que guérir, il déjeune et dîne à tour de bras, conciliabule, villégiature, papote. Il invite les hauts dignitaires en voyage, en garnit son avion. Nos princes de l'opinion, qui ne se commettraient pas avec un ministre des Transports ou de la Santé, condescendent encore à figurer (pas tous) au Brésil ou au Danemark aux côtés d'un président ou d'un Premier ministre. Il faut comprendre. C'est chaque jour que les officiels, princes de l'apparence, comparaissent devant eux. Obtenir un *statisfecit* ou, mieux, un aval conduit certains politiques à changer de politique. Ceux-là ont renoncé à se donner une stratégie du faible au fort, à faire la part du feu pour tenir bon sur l'essentiel, mais à céder sur l'essentiel pour se rendre médiatisable. C'est ainsi que le clerc, sans façons, tout sourire, en vient à régenter le roi démocrate. Chez qui la peur de la mauvaise image va jusqu'à dissoudre l'objet même de l'image, produisant, du coup, une image parfaitement synthétique, c'est-à-dire sans objet. Il y a des hommes publics sans image. Il y a aussi des images sans homme.

Ne jetons pas la pierre. Trop facile et poseur (les conseilleurs ne sont pas les payeurs). Ce n'est plus l'onction, c'est son oxygène qu'attend l'élu de l'Obédience. Sauf à se perdre dans l'amertume ou le prêchi-prêcha, toute politique doit s'accorder aux circonstances et aux conditions. Tel le milieu, telle la tactique. Loi de la pesanteur. Les plus fins, les plus courageux trouvent un biais. Ils retrouvent l'ancestrale armure qu'offrent la double pensée et le double langage. En régime d'« hypocrisie théologique » (Auguste Comte), cette cautèle est affaire de survie. Sinon, les foudres. Machiavel recommandait au Prince non seulement de « tenir occupé le peuple avec des fêtes et des spectacles », d'avoir recours, faute de mieux, à quelques « pieuses cruautés », mais rapidement et en dernière extrémité, et surtout de « colorer son manque de foi » — en feignant de l'avoir, voire, à certains moments, en l'ayant réellement et sincèrement. « Il faut donc qu'un prince paraisse, à le voir et l'entendre, toute miséricorde, toute bonne foi, toute droiture, toute humanité, toute religion. Et il n'y a chose plus nécessaire à paraître avoir que cette dernière qualité. Les hommes en général jugent plus par les yeux que par les mains ; car il échoit à chacun de voir, à peu de gens de percevoir. Chacun voit ce que tu parais, peu perçoivent ce que tu es ; et ce petit nombre ne se hasarde pas à s'opposer à l'opinion d'une foule [1]. »

*

Quand les médias font de l'irréalisme une force réelle, les réalistes doivent faire avec. Comme hier ou ailleurs, avec l'Église et le Parti. Nombreuses ont été les périodes où la religion officielle ne « collait » pas ou si peu au praticable, mais où les gouvernants, à lui chaque jour confrontés, étaient tenus, sous peine d'éviction, de coller à la religion. Où il fallait que la politique fût dévote et se référât sans cesse à un corpus de principes sublimes mais incapables de pénétrer, et encore moins de comprendre, une quelconque action circonstanciée. *Obedezco pero no cumplo* — « j'obéis mais je n'exécute pas » — disaient dans ce cas-là les vice-rois des Indes espagnoles. Les gouvernements démocrates-chrétiens, en Italie et ailleurs, ont illustré de façon plus ou moins rigolote cet hiatus, ce *double bind* où il faut conformer ses mines à saint François d'Assise et ses actes à Niccoló Machiavelli. La nomenklatura soviétique nous a récemment offert un autre exemple, plus âpre et hivernal, de dédoublement de la personnalité [2]. La dualité parti-

1. Machiavel, *Le Prince*, Paris, Flammarion, GF, chap. XVIII, p. 143.
2. Bien étudié, à titre rétrospectif, par Michel Tatu, *Les Élites russes et la politique étrangère, les mentalités, leurs origines et leur évolution,* Paris, Fondation pour la Recherche stratégique, novembre 1999.

État, soit la prééminence du dogme sur le fait, transformait en question de vie et de mort le cloisonnement entre cour et jardin. Dans les cercles d'experts, et même au sommet, la discussion était des plus libres, et la *verità effetuale della cosa* présidait aux entretiens à portes fermées, pourvu que la fiction doctrinale fût maintenue dans l'antichambre. Et quiconque s'est rendu au Kremlin dans les années quatre-vingt n'en revenait pas du contraste entre l'intelligence déliée des propos, entre quatre z'yeux, le pragmatisme des mentalités et l'imbécillité faux-cul des patenôtres qui suivaient. On se disait : ces bougres à langue de bois gagnent à être connus. On ne savait pas que la théocratie produit, en Iran comme en U.R.S.S., et pourquoi pas en Occident, des hommes doubles. On a aussi su depuis, selon le mot de M. Kornienko, l'adjoint de Gromyko, « les tristes conséquences d'une politique étrangère conduite selon deux critères — étatique et idéologique — et la pagaille administrative qui va avec[1] ». C'est qu'il était impossible de rompre avec le système ecclésiastique sans perdre sa place (et celui qui me remplacera fera pire, donc je reste). La doctrine tenait que la lutte des classes gouvernait le monde, et que c'était camp contre camp, capitalisme contre socialisme ; ce dont le lecteur de la *Pravda* était persuadé chaque matin. L'expérience montrait aux praticiens, diplomates, espions et stratèges, que chaque pays, qu'il soit socialiste ou capitaliste, poursuit ses intérêts nationaux avec les moyens du bord (et que la Russie serait bien inspirée de faire pareil). La doctrine disait qu'il n'y avait qu'un peuple soviétique et que l'identité russe était un faux problème, une illusion réactionnaire (ce qui fait, après coup, un violent retour de bâton). Y a-t-il un parallèle possible avec nos tartuferies dominicales ? Non, parce que notre

1. *Ibid.*, p. 14.

État est moins sclérosé, et notre religion pas encore discréditée. Oui, parce que notre doctrine est presque aussi irréaliste que l'autre, qu'elle renverse en miroir. Elle stipule que la lutte de la démocratie et de la barbarie gouverne le monde, que l'intérêt national est une chimère du passé, qu'il n'y a qu'un monde libre et que l'identité britannique, allemande, française, etc., est un faux problème, réactionnaire. Rassurons-nous : nos praticiens, et pour cause, mesurent eux aussi la distance de la Terre à la Lune. Mais le premier d'entre eux qui s'oublierait jusqu'à dire à voix haute, s'adressant à tel ou tel de nos théologiens, « ce que vous dites, Éminence, ne tient pas debout et voici pourquoi », devrait démissionner sous les quarante-huit heures. « Dès qu'on leur est suspect, on n'est plus innocent. »

Nous avons encore, par chance, des hommes en charge qui n'assimilent pas aveuglément « démocratie » et « économie de marché », « nouvel ordre international » et « suprématie de la loi internationale », l'image pieuse et la réalité. Qui ne confondent pas l'Occident avec l'universel, sans oublier que la souveraineté est l'ultime protection du faible. Qui se demandent : « Punir, est-ce résoudre ? » (Hubert Védrine), en sachant qu'il est certaines circonstances où les sanctions bruyantes peuvent différer les solutions effectives. Si au Proche-Orient, depuis 1948, Israéliens et Palestiniens s'étaient traînés mutuellement devant un tribunal international pour « crimes de guerre et contre l'humanité », au lieu de se résoudre au pardon des offenses, auraient-ils pu faire la paix ? Si les Noirs et les Blancs d'Afrique du Sud... ? Des praticiens qui gardent présent à l'esprit que, les nations n'étant pas toutes nées au même moment, la chronologie des plus avancées ne peut être imposée aux autres sans bévue coloniale, en faisant fi des rythmes de l'histoire, et que la démocratie représentative ne se largue pas du ciel en parachute, en plein XIIIe ou XVIIIe siècle, comme un sac de riz ou une trousse d'urgence. Que les États-nations ont la vie dure, qu'ils s'orientent autant sur leur passé que sur leur projet, et qu'entre eux et « les valeurs communes de la civilisation » il y a quelques paliers intermédiaires, des médiations à respecter [1]. Ces hommes et femmes d'État sont par ailleurs de bons chrétiens. Ils essaient de distinguer la raison et la foi, de rendre à l'ici-bas son espace, sans tout céder à l'au-delà. Ce sont des laïques têtus.

*

C'est quand une conviction, profane ou surnaturelle, entend oblitérer les facteurs de décision, et s'y substituer pour s'imposer à tous, qu'elle tourne cléricale. Le modèle en fut au Moyen Âge la Cité de Dieu, contre laquelle s'est construite l'idée de raison d'État, à la Renaissance, première émergence de laïcité. Cette raison courageuse, scandaleuse, révolutionnaire, disait que le Prince est au service du peuple et non du seul clergé ; que le domaine du bien, celui des religions, ne devait pas se subordonner le domaine du juste, celui de l'État ; et que le juste particulier, anglais, français ou italien, n'est pas englobé dans le bon universel, en clair l'Église de Rome. Il arriva ainsi aux rois de France de se vouloir empereurs en leur royaume et de s'opposer aux ingérences pontificales dans leurs affaires. Bossuet lui-même admit, sous le Roi très-chrétien, Louis XIV, dans une Déclaration du clergé de France (1682), que l'Église

1. On se réfère ici, simples exemples, au discours d'Hubert Védrine, ministre des Affaires étrangères, à la Conférence de l'Institut français des relations internationales (3 novembre 1999) ou encore à *La République contre les bien-pensants* (Paris, Plon, 1999), de Jean-Pierre Chevènement, ministre de l'Intérieur.

n'avait de pouvoir « que sur les choses spirituelles et qui concernent le salut éternel, et non point sur les choses civiles et temporelles ». Cela s'appelait le gallicanisme. Puis vint la liberté de conscience (1789), le Concordat (1802) et la loi de séparation des Églises et de l'État (1905). La liberté de culte est garantie, mais la République ne reconnaît aucun culte. Un État laïque est beaucoup plus qu'un État neutre, qui s'abstient de prendre parti entre les différentes conceptions de la vie bonne et aménage leur coexistence pacifique. C'est, plus radicalement, une association politique qui déclare n'avoir pas besoin de profession de foi. Conformément à l'idée que « la puissance publique peut et doit faire abstraction de toute croyance [1] ». On devine combien cette présomption devient hasardeuse quand la croyance fait tache d'huile, en détrempant la réalité même. Il est plus facile de séparer l'État de l'Église que de la presse, sanctuarisée par son rôle de *go between* indispensable. « Je n'ai rien à voir avec la foi, dit cette dernière, je ne pourvois qu'à vos perceptions et à vos informations. Je ne m'occupe pas de la vie céleste, j'ai assez à faire avec toute la Terre. » Bref, cette puissance (se) cache sa puissance, l'habille en contre-pouvoir et, ce faisant, nous rend le service, à nous, les esprits forts anesthésiés, échos du souffleur, « âmes habituées », d'escamoter l'enjeu d'une aussi résistible ascension.

Le séculaire combat de l'humanisme laïque aurait-il un cléricalisme de retard ? Il a su résoudre en son temps la « question scolaire ». Il a émancipé l'école de l'Église, grand bien nous fit. Puisse-t-il aborder de front la « question médiatique ». L'anticlérical de vieille souche tend à penser

1. Lire Catherine Kintzler, *Tolérance et laïcité* (Nantes, Pleins feux, 1998), ainsi qu'Henri Peña Ruiz, *Dieu et Marianne* (Paris, P.U.F., 1998), qui cernent avec rigueur l'idée laïque.

qu'il n'y a plus de religion d'État ; la séparation de corps lui voile la confusion des genres. Il y a à cet égard un certain pathétique à entendre des libres penseurs protester contre la présence de crucifix dans vingt-neuf mairies vendéennes, sans s'offusquer de voir un présentateur de télé cité à l'école en référence intellectuelle, un article de magazine transformé en épreuve de littérature et la pub en référence. Que pèse un détournement de sacristie quand se profile par l'ouest un Léviathan cauchemardeux soudant la programmation à la diffusion des signes, soit l'unité organique des deux règnes, la *potestas* économique et l'*auctoritas* pédagogique, en un seul monopole fusionnées, le Saint Empire des réseaux ? Voir des enfants de Voltaire et de la laïque rompre leur lance sur des clochers délabrés, quand de florissants mastodontes mitraillent les consciences en rase campagne, suggère un problème de concordance des temps [1].

*

Et cette grande Querelle des Investitures, où trouvera-t-elle ses champions ? Les politiques ? On l'a vu, la plupart sont piégés, l'explication finale entre l'Empire et le Sacerdoce n'aura pas lieu (Rome n'est plus dans Rome mais à Washington, Londres et Paris). Et nos « intellectuels », que l'histoire et nos lieux communs affecteraient volontiers au poste de briseurs de chaînes ? Sous influence. Un fil à la patte. L'asservissement neurologique à l'image est encore plus avancé chez les émeutiers d'avant-garde que parmi les enchaînés du forum, mais il ne faut pas leur jeter la pierre,

1. « Les géants américains de l'informatique Intel (constructeur) et Microsoft (éditeur de logiciels) vont former gratuitement 400 000 enseignants dans le monde entier à utiliser leurs logiciels dans le cadre de leur cours. Pour les motiver, il sera offert à chacun un ordinateur portable » (*Education Week*, 26 janvier 2000).

là non plus. Les politiques gardent le recours de l'élection, le péquenot leur fait une source de légitimité casanière qu'aucun censeur ne peut venir leur chiper (au fin fond de la Corrèze et de la Drôme, les bulles arrivent, mais déjà bien vaporisées). L'homme d'esprit n'a pas ce fer rustique au feu : avec les médias, il joue son va-tout — d'où une soumission franche et décidée. Sujétion sans état d'âme et toute dans le mouvement. Il vit de leur crédit, et de son accréditation propre, qui en dépend. S'il n'est plus habilité à paraître, que deviendra-t-il ? Un chercheur, un érudit, un rien du tout. Plus voix au chapitre. Chômage technique. Bloc-notiers et publicistes, *médiodépendants* par force, comme on dit toxicodépendant, ne peuvent rendre publique leur opinion privée sur les affaires du jour — définition du métier — sans un moyen matériel de publication. Aussi sont-ils tout naturellement portés à prendre le parti du support, à épouser la rédaction, à s'incorporer sa culture. Ils sauront toujours, familiers de l'incartade, jusqu'où ne pas aller trop loin. Nous tenons même à honneur de louanger le dernier rejeton du patron dans ses propres colonnes, ou celles d'à-côté. Sans se départir du halètement désespéré, indomptable, qui est notre marque de fabrique. Qui parle de corruption ? C'est une simple fermentation (pas d'agent extérieur). L'intellectuel se distingue du savant ou du poète (comme le prêtre du moine) en ce qu'il est animé, compulsivement, d'un projet d'influence. Sa volonté de puissance à lui. Ceux qui détiennent les instruments de l'influence seront toujours ses amis, pour ne pas dire ses maîtres (il n'aime pas le mot). Mal loti, frustré, en manque de reconnaissance, notre perpétuel quémandeur d'un plus d'espace et de temps est poussé par la force des choses à parasiter les fournisseurs de nos deux denrées de première nécessité. Renoncer à ce monde pour le comprendre ? Mais si le monde renonce à moi, à quoi, à qui bon le comprendre ? Cet altruisme bien tempéré fait une objection forte.

En attendant, le boom moral nous permet la culbute : l'opposition, au nom de l'ordre établi. Coup double. La justice et la force. La gauche, parce qu'on est antifasciste, antiraciste, etc., et la droite, parce qu'on s'adosse au *big money* et aux missiles. La solitude du résistant et l'enthousiasme du beau monde. L'intolérance des procédés (l'invective, le coup bas) et la réputation de tolérance (puisque démocrates). Tout ce dont nous rêvions, réconcilier nos deux pulsions contradictoires et ataviques : la séduction par la puissance et la posture d'insoumission ; l'omniprésence et le mystère ; la promo et l'immolation. La persécution de nos ennemis intimes, mais pour le compte officiel des persécutés. Chouette. Épatant. « Le véritable courage, disait Bertrand Russell, consiste à dénoncer les crimes commis par son propre camp et non ceux commis par l'adversaire. » Improductif. Ceux qui dénoncent crânement les forfaits de l'ennemi public feront figure de tranche-montagne ; ceux qui signalent nos propres méfaits, de moisis. Inévitable, dès lors que se sont mariés, *via* la mesure hebdomadaire des ventes, l'Audimat et l'autorité. Dont l'enfant est ce petit monstre : le plus égale le mieux.

La médiomanie des centres-villes n'est pas délictueuse mais statutaire, aussi difficile à traiter que le hasch en banlieue. Ce stupéfiant fait notre tonus. On aurait donc tort de miser sur une intelligentsia présumée critique mais ontologiquement accro pour une quelconque prise de recul : elle n'est pas un élément de solution, mais une partie du problème. Elle dira amen à son abdication collective. La baisse des fiertés littéraires, le délitage des armatures scolaires et la détresse profonde du milieu jettent sur le pavé une main-d'œuvre experte et travailleuse. Les talents se bousculent aux portes des hauts lieux (journaux et magazines n'ont jamais été aussi bons). Le nouveau clergé concentrera toujours mieux dignitaires de l'esprit et propriétaires des tuyaux, hommes de culture et d'entreprise, à mesure que les supports tombent dans l'escarcelle des firmes. Et que les actions en Bourse vont monter. Sauvegarder un quant-à-soi, un coin de libre examen devra se faire *sans* et, au vrai, *contre* la grande majorité de nos dissidents officiels, intellectuels et artistes — et plus triste encore, contre les plus estimables. C'est dire que rien ne se pourra. Démission personnelle possible, mission commune improbable.

X

Cela ne durera pas

Le ventre est toujours fécond — d'où l'ange resurgira. Pour faire la bête ? Comme les dieux de sang, l'angélisme a soif de démons. Il en trouvera, cela ne manque pas, dans le vaste monde. Le nôtre sera de plus en plus insatiable, il a le ventre plein. Les peuples vieux et riches ont besoin d'ennemis, eux aussi. Un homme qui a faim n'a pas de morale ; passé un certain seuil de revenus, on devient intraitable sur les principes. Plus les peuples euro-atlantiques verront leur train de vie s'élever, plus ils seront enclins à réprimander et à fustiger. Le bel avenir de la correction…

Et s'il n'y avait pas d'issue — pour le moment ? Et si le grand barbu s'était trompé avec son fameux : « L'humanité ne se pose que les problèmes qu'elle peut résoudre » ? En prendre acte contreviendrait aux règles élémentaires du discours pieux : après l'horrifique description des sept plaies d'Égypte, au bord extrême du désespoir, brandir le remède. Le nyaka. L'homéopathie du salut public.

Tant pis pour nous. Mieux vaut un bon diagnostic qu'un faux médicament.

Pas de panacée, dont acte, mais pas d'affliction non plus.

Depuis six mille ans qu'il y a des cités, avec des présidents, des sorciers et des laboureurs, on a connu des maux plus graves ; on peut vivre avec celui-là, et fort bien (Big

Brother est une *pretty sister*, speakerine mutine et sexy) ; et d'autant mieux qu'on veillera à ne pas l'aggraver par de contreproductifs contrepoisons. On peut et doit encore faire sienne la conclusion de Tocqueville : « Pour recueillir les biens inestimables qu'assure la liberté de la presse, il faut savoir se soumettre aux maux inévitables qu'elle fait naître. »

Ensuite, tout indique qu'il existe une sagesse du corps social, analogue à l'individuel, et que les idioties dangereuses n'ont qu'un moment : elles se corrigent d'elles-mêmes, avec le temps. Il n'est pas d'exemple en particulier qu'une technologie de nouvelle génération ne vienne corriger, d'une façon inattendue et souvent drolatique, les dégâts causés par l'ancienne. Le mieux de demain nous arrive par le mauvais côté d'aujourd'hui, comme le pire par le bon d'hier. Il est permis de penser qu'Internet et les « self médias » de l'avenir, décentralisés, mobiles, à faible coût, diminueront le prestige des pyramides d'antan. L'interconnexion globale nous soulagera des passages obligés. Elle engendrera d'autres nuisances ? C'est le jeu des innovations. Lui non plus n'a pas de fin. On peut en attendant prendre son mal en patience, sans le repeindre en rose bonbon, mais sans s'arracher les cheveux.

Enfin, en son for intérieur, chacun a loisir de connaître un culte sans le reconnaître, ou de reconnaître la religion en place sans la pratiquer. C'est un peu lâche et égoïste, mais évite les ennuis. Montaigne avait fait de cette prudence une règle de vie. « Il me semble que le sage doit au-dedans retirer son âme de la presse et la tenir en liberté et puissance de juger librement les choses… Mais, quant au-dehors, il doit suivre entièrement les façons et formes reçues [1]. »

1. Montaigne, *Essais*, I, XXIII.

Refuser sa créance, mais acquiescer poliment. Tenir les saintes feuilles en révérence, mais à l'écart de son privé ; entrouvrir ses lucarnes ; endurer sans broncher ; décliner la querelle. Et passer son chemin, en souriant.

Remerciements

*« L'emprise du journalisme » : c'est sous cet intitulé et sur ce thème qu'aux XII*es *Rencontres de Valence, organisées par* Le Monde diplomatique, *le 28 novembre 1999, Ignacio Ramonet, directeur du mensuel, a convié Jean-François Kahn, directeur de* Marianne, *et le sussigné à réfléchir et à débattre avec le public. L'indulgence qu'ils ont alors manifestée pour des propos quelque peu excentriques m'a encouragé à préciser mes vues par écrit. On comprendra que je les remercie l'un et l'autre. Ainsi que Charles Silvestre, secrétaire des « Amis de* L'Humanité *», pour m'avoir donné la parole, à la fête du même nom. Certains entêtements témoignent que le pire n'est pas toujours sûr. Et les choses pas si simples.*

DU MÊME AUTEUR

Œuvres littéraires

UN JEUNE HOMME À LA PAGE, nouvelles, Le Seuil, 1967.

L'INDÉSIRABLE, roman, Le Seuil, 1975.

LES RENDEZ-VOUS MANQUÉS, Le Seuil, 1975.

JOURNAL D'UN PETIT-BOURGEOIS ENTRE DEUX FEUX ET QUATRE MURS, Le Seuil, 1976.

LA NEIGE BRÛLE, roman, Grasset, 1977 (Prix Femina).

ÉLOGES, Gallimard, 1986.

COMÈTE MA COMÈTE, Gallimard, 1986.

LES MASQUES. *UNE ÉDUCATION AMOUREUSE,* Gallimard, 1988 ; « Folio » n° 2348, Gallimard, 1992.

COLOMB, LE VISITEUR DE L'AUBE, La Différence, 1991.

L'ŒIL NAÏF, Le Seuil, 1994.

CONTRE VENISE, Gallimard, 1995 ; « Folio » n° 3014, Gallimard, 1997.

LOUÉS SOIENT NOS SEIGNEURS. *UNE ÉDUCATION POLITIQUE,* Gallimard, 1996.

PAR AMOUR DE L'ART. *UNE ÉDUCATION INTELLECTUELLE,* Gallimard, 1998.

Œuvres philosophiques

LE SCRIBE, Grasset, 1980.

CRITIQUE DE LA RAISON POLITIQUE OU L'INCONSCIENT RELIGIEUX, « Bibliothèque des Idées », Gallimard, 1981 ; « Tel » n° 113, Gallimard, 1987.

LE POUVOIR INTELLECTUEL EN FRANCE, « Folio Essais » n° 43, Gallimard, 1989.

COURS DE MÉDIOLOGIE GÉNÉRALE, « Bibliothèque des Idées », Gallimard, 1991.

CONTRETEMPS, « Folio Actuel » n° 31, Gallimard, 1992.

VIE ET MORT DE L'IMAGE. *UNE HISTOIRE DU REGARD EN OCCIDENT,* « Bibliothèque des Idées », Gallimard, 1992 ; « Folio Essais » n° 261, Gallimard, 1994.

L'ÉTAT SÉDUCTEUR. *LES RÉVOLUTIONS MÉDIOLOGIQUES DU POUVOIR,* Gallimard, 1993.

MANIFESTES MÉDIOLOGIQUES, « Hors série », Gallimard, 1994.

TRANSMETTRE. *Le champ médiologique,* Odile Jacob, 1997.

CROIRE, VOIR, FAIRE. *Le champ médiologique,* Odile Jacob, 1993.

INTRODUCTION À LA MÉDIOLOGIE, P.U.F., 2000.

Œuvres politiques

RÉVOLUTION DANS LA RÉVOLUTION, Maspero, 1967.

LA CRITIQUE DES ARMES, I et II, Le Seuil, 1974.

LA GUÉRILLA DU CHE, Le Seuil, 1974.

MODESTE CONTRIBUTION AUX DISCOURS ET CÉRÉMONIES DU DIXIÈME ANNIVERSAIRE, Maspero, 1978.

LA PUISSANCE ET LES RÊVES, Gallimard, 1984.

LES EMPIRES CONTRE L'EUROPE, Gallimard, 1985.

QUE VIVE LA RÉPUBLIQUE, Odile Jacob, 1989.

TOUS AZIMUTS, Odile Jacob, 1989.

À DEMAIN DE GAULLE, Gallimard, 1990 ; « Folio Actuel » n° 48, Gallimard, 1996.

Achevé d'imprimer
sur Roto-Page
par l'Imprimerie Floch
à Mayenne, le 31 mars 2000.
Dépôt légal : mars 2000.
Numéro d'imprimeur : 48253.

ISBN 2-07-075861-3 / Imprimé en France.

95440